阅读·思考·生活

共享自然

唤醒内在生命力的52个自然游戏

[美] 约瑟夫·克奈尔（Joseph Cornell） 著
林红 林衍汐 译

SHARING NATURE®:
Nature Awareness Activities
for All Ages

湖南教育出版社
·长沙·

要创造一个真正热爱和崇敬自然的社会,

我们必须为身处其中的人们

提供足以改变生命轨迹的自然体验。

——约瑟夫·克奈尔(Joseph Cornell)

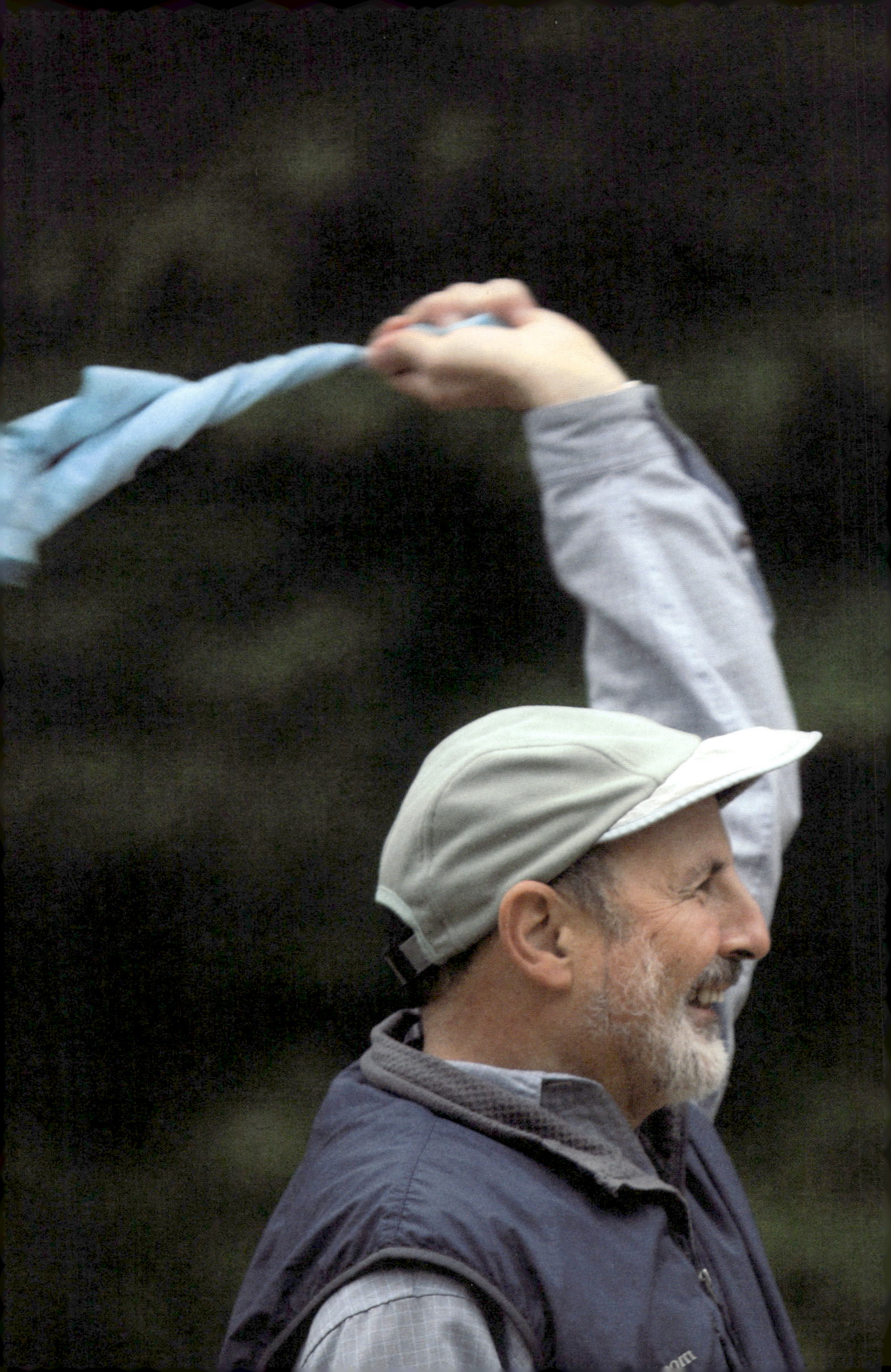

目 录

国际赞誉 | 001
国内赞誉 | 006
中文版推荐序　生命的喜悦　林红 | 009
英文版推荐序一　未来属于那些熟悉自然的人
　　　　　　　　理查德·洛夫 | 015
英文版推荐序二　沉浸于大自然的奇妙，生命将焕然一新
　　　　　　　　塔玛拉克·宋 | 019

引 子　本书背后的故事 | 001

第一部分　心流学习法

第1章　用心学习 | 009
心流学习法：通往自然觉察的步骤 | 015
第2章　心流学习法的艺术 | 019

第 3 章　自然觉察的四个步骤 | 023

第一阶段：唤醒热情 | 023　　第二阶段：培养专注 | 029

第三阶段：直接体验 | 034　　第四阶段：共享感悟 | 039

第二部分　自然活动

第 4 章　唤醒热情 | 048

相互认识 | 050　　　　　指鼻子 | 052

野生动物大比拼 | 054　　搭建一棵树 | 056

自然过程 | 065　　　　　猫头鹰与乌鸦 | 067

蝙蝠和飞蛾 | 070　　　　弱肉强食 | 072

生命金字塔 | 074　　　　雪橇犬 | 079

动物肢体扮演 | 083　　　动物线索游戏 | 085

动物线索接力 | 088　　　诺亚方舟 | 090

猜一猜，快跑！ | 092

第 5 章　培养专注 | 096

- 我所好奇的 | 098
- 辨颜色 | 102
- 有多近？| 105
- 伪装步道 | 115
- 微观之旅 | 121
- 沉睡的守财奴 | 125
- 数声音 | 100
- 我能看见 | 103
- 声音地图 | 112
- 动物，动物！| 118
- 复制 | 123
- 夜间守路人 | 127

第 6 章　直接体验 | 128

- 访问大自然 | 130
- 照相机 | 136
- 神秘动物 | 144
- 蒙眼毛毛虫 | 153
- 藏头诗 | 160
- 蒙眼游戏 | 167
- 定点蒙眼探索 | 171
- 引导观想 | 175
- 像约翰·缪尔一样观察自然 | 133
- 唤鸟 | 141
- 邂逅一棵树 | 151
- 探索大地之心 | 155
- 日落观察 | 163
- 蒙眼行走 | 170
- 蒙眼探险 | 172
- 树的观想 | 177

第 7 章　共享感悟 | 188

独特时光 | 190　　　　自然反思 | 191
折叠诗 | 195　　　　　结伴静走 | 197
美景当前 | 200　　　　创造梦中森林 | 201
给自己写一封信 | 202　讲故事 | 205
空中飞鸟 | 210

附录 A　共享自然游戏列表（按中文首字拼音字母顺序排列）| 214
附录 B　寻找最适合你的游戏 | 215
附录 C　"神秘动物"游戏谜底的图像 | 218
附录 D　《空中飞鸟》乐谱 | 219
附录 E　"指鼻子"和"猜一猜，快跑！"游戏的动物线索示例 | 220
图片来源 | 225
作者致谢 | 232
约瑟夫·克奈尔及全球共享自然活动简介 | 233
共享自然线上资源 | 237

国际赞誉

约瑟夫·克奈尔是最早预料到需要为儿童和家庭打开自然之门、提醒他们与自然世界保持联结的先驱者之一。他的长期工作和远见卓识为世界范围内正在兴起的重新联结儿童与自然的运动奠定了基础。

——谢丽尔·查尔斯博士
儿童与自然网络联合创始人、总裁兼首席执行官

我发现,在对整个地球的福祉至关重要的领域里,"与孩子共享自然"是一个最具原创性和富有想象力的概念。

——彼得·斯科特爵士
自然环境保护主义者、世界自然基金会创始人之一

约瑟夫·克奈尔在《共享自然》35周年纪念版中,将他的心流学习法教学策略带入生活。这个升级扩充版反映了克奈尔多年的自然教育经验和不断升级完善的自然游戏,他曾通过自然游戏,为成千上万的学生创造了非常丰富的实地观察学习体验,让他们在户外与自然世界建立联结。他对所有年龄层学员学习状态的变化都有敏锐洞察力,这能让人对任何自然主题产生更丰富、更持久的理解。

——苏·艾萨圭尔,自然踪迹基金会创始人、执行董事

心流学习法（Flowing Learning™）的策略是如此有效且温和，它以最自然、最简单的方式，在向所有年龄的孩子和成人传递自然教育的理念。它和人们与生俱来的存在状态和谐一致，在最有效的时刻，引导他们的能量和沉思，使人们学有所获、心存感恩。

我最喜欢心流学习法的一点，是在以唤醒热情为目的的第一阶段。在活动开始的短短几分钟内，原本陌生的一群人就开始在身体和精神上相互配合，并与周围的自然环境融为一体。孩子们和成年人都像在游乐场里尽情玩耍那样，紧张和害羞消失了，整个群体在孩子般的天真、包容和欢乐里融为一体。这时，他们是如此开放，乐于学习。

让我惊奇不已的是，人们如此轻松地投入约瑟夫的活动中，特别是年龄较大的孩子，当他们受到鼓励去玩耍、学习和探索他们的感受时，可以看出他们兴奋不已，毕竟这样的玩耍通常是小孩子才有的待遇。从内心深处，我相信，所有年龄段的人都会非常珍惜这重返孩童纯真世界的机会，而共享自然的活动和游戏允许并鼓励我们所有人这样做。这是一种不言而喻的许可，当我们徜徉自然，在其中玩耍时，岁月的重担随之卸下，我们的精神得到振奋，恢复生机。

——凯特·埃克斯

新西兰环境教育协会全国执行委员

心流学习法的使用……使环境教育的教学变成一种令人愉快的事。人们的脸上放着光，那是纯粹的喜悦和内心真正的理解。

——戴维·特里布

澳大利亚新南威尔士州教育部环境教育顾问

通过这些活动……孩子们真正体验到自己是自然世界的一部分。

——美国国家奥杜邦协会

我们能给予任何年龄段孩子的伟大的礼物之一，就是帮助他们与这个鲜活的世界建立如亲情般深厚的联结。起点之一就是这本精彩的书。在《共享自然》中，约瑟夫·克奈尔为孩子们提供了游戏和活动的宝库，它们能够激发孩子们与生俱来的好奇心、想象力和惊奇之心。对于家长、教师和领导者来说，这是一本令人愉快且必不可少的指导手册。

——简·麦克格雷格，常青州立学院环境教育家

能找到一本如此细致入微的指南，帮助父母、老师与孩子分享他们对大自然的热爱，是一件多么令人愉快的事啊。

——大自然保护协会

给人们一种与自然世界融为一体的动态体验。

——阿拉斯加自然历史协会

一个神奇的工具，唤醒孩子们的自然之乐。

——约翰·霍奇森，英国国家信托基金负责人

我已经很久没有读过这样一本书了，它让我对环境教育如何做才好感到如此确定。

——琳达·埃尔金德，环境志愿者组织前主席

约瑟夫·克奈尔对中欧环境教育的发展有着显著又深远的影响。

——F.W. 乔治，德国黑森州大自然保护学院院长

作为一名教师、博物学家和讲故事的人，我把约瑟夫·克奈尔的《共享自然》一书作为我大部分工作的核心。

——弗兰克·海林
美国国家公园博物学家、约翰·缪尔故事讲述者和教育家

我真希望在我上学的时候就有这么一本关于自然教育的极好的书。

——汤姆·伯克，地球之友

我非常喜欢这本书。它正是那种能够激发青少年想象力的书，能将死水一般的传统教育变成激动人心的河流。

——菲尔·德拉布尔，英国作家、电视主持人

约瑟夫·克奈尔曾用一种有趣的正念精神将数百万儿童与户外活动联系起来，现在他把这种精神提供给我们所有人。这本书是一份礼物！

——比尔·麦吉本，350.org 创始人、环保主义者

对于任何自然教育工作者来说，它是一个必备品。

——布雷特·蒂尔曼，加利福尼亚州环境与户外教育协会

从引导观想到自然冥想，克奈尔将知识之路与心灵之路融合了。

——《阿拉斯加健康》杂志

《共享自然》绝对是我看过的最好的自然觉察书籍。它之所以闻名遐迩，是因为它行之有效。

——《全球评论》杂志

这些游戏培养孩子们用惊奇之心看待世界，它同样向我们成年人提供了一条道路，让我们可以体验到与万物同在、回归地球母亲的喜悦和丰盈。

——亚历山德拉·多德，《一个地球》杂志

在20世纪70年代末，克奈尔的书介绍了以自然为师的"自然游戏"，我们可以通过游戏获得知识、受到启发、收获乐趣。几十年后，《共享自然》已经不仅仅是一本书，更是一种世界性的自然教育方法。

——星球爱国者图书

这个人与我们星球的心脏相连，地球的智慧通过他闪耀。

——《新得克萨斯》杂志

国内赞誉

约瑟夫·克奈尔在书中描述的是一段段细腻的心路历程。这不是一本用来读的书，或者说很难做到只是通过阅读就能理解和领悟到作者的思想、理念和实践精髓，应该沿着这本书指导的路径去做，去体验，去发现，去思考，在与大自然的互动中发现自然的美好，体会生活的幸福。

共享自然，与谁共享？可以是家人和朋友，更应该是孩子们，和更多的孩子一起分享自然。

随着经济的发展，人类逐渐龟缩入城市，处境危险的是孩子们，他们生活在环境因子单一的城市中，缺乏玩伴、缺乏游戏、缺乏惊喜，这样的孩子生活并不幸福。引导孩子们回归大自然，是一种社会责任，这种责任就是"为了孩子们的幸福"。

——倪一农

北京大学附属中学生物学教师、自然之翼博物课程开设者

欣闻约瑟夫·克奈尔先生的集大成之作《共享自然：唤醒内在生命力的52个自然游戏》即将出版。二十多年前，刚刚加入"自然之友"，随环境教育流动教学车"羚羊车"一起到中小学、社区开展教育活动，懵懂入门之际，很幸运地得到了约瑟夫第一本著作《与孩子共享自然》的指引与启发。那一段经历，令我受益至今。

过去十多年，自然教育在中国蓬勃发展。户外教育是自然教育得以孕育和发展的重要思想源流。作为当今世界最负盛名的户外教育专家，约瑟夫·克奈尔先生的教育理念和方法也对中国自然教育的发展发挥了重要作用。不仅很多自然教育从业者深受其影响，还有众多家长通过自然游戏与孩子一起共享自然时光。真心推荐约瑟夫的《共享自然》，愿我们所有人都能感受自然的美好与力量！

——闫保华

红树林基金会秘书长、全国自然教育网络联合发起人

24年前，我开始从事心理咨询和治疗；10多年前，我离开心理治疗室的沙发，去探寻自己的治疗风格；刚出门遇到的就是自然，遇到了约瑟夫·克奈尔的《与孩子共享自然》。

这本书很自然，自然得就像自然一样，感觉它不是一本书，而是自然本身。长久远离自然的人们突然被带回自然时，是无法马上（甚至在相当长一段时间内）对自然有感觉的，更不用说与自然重建联结。在我的疗法中（后来我叫它"荒原疗育"），我会为参与者安排一个中介，这个中介很多时候是一位土生土长的当地人，参与者经由他去感受那片自然的气质。而这本书给我的感觉就像这样，它带着自然气息而来，和人们相遇。对自然还没找到感觉的人们，对游戏是有感觉的，游戏是人类的天性，经由游戏，经由克奈尔的这些游戏，人们感知到了自然，从此跨入自然的秘境，和自然发生魂牵梦绕的关系。

我身边满是搞自然教育的朋友，这本书中的游戏几乎成了大家的方言。大家甚至只需要说出游戏的名称，而不用过多的交流，

就可以随时碰到一起，配合着带领出一场精彩的活动。这就是这本书的魅力所在，这些看似简单的游戏其实是经由自然教育人前仆后继地长久地一次次打磨而来。我并不了解克奈尔的这些游戏是不是纯粹出自他的自然大脑；我猜想，在他写出这些游戏之前，他一定也有在父辈的带领下去体验自然，也有和同行无尽地探索和研讨自然教学；而在这更早之前，是人类出现以来我们和自然的悠长的关系史。在克奈尔之后，自然工作者又继续在打磨这些游戏。这些游戏在这种传递中流淌着，流入我们孩子的世界，以及更久远的未来。

这样来看，我们每一名自然工作者和克奈尔站在了一起，我们都是这条自然之河中的传递者。大家专业背景不同，有人是在做教育，有人是在做治疗；大家对这些游戏的用法不同，有人忠于最经典的玩法，有人会做新的改动……这些组成了自然之河流域丰富的生态多样性，这是无限美好的画面。

现在这本书又迎来新的版本，我这才发现，它已经更新好几版了；对比之后才发现，其中已经增加了这么多内容，而我竟然浑然不知。因为这本书对于我而言，不是一本书，而是一条河，我一直在河里。

希望这本书，不，这条河，会持续更新，有新的版本出来；现在是克奈尔的，未来是大家的。

——朱松

荒原疗育发起人、中国社会心理学会生态与环境心理学专业委员会委员

中文版推荐序

生命的喜悦

> 我到森林去,是因为我希望自由地生活,去面对生命最纯粹的实相,去看看我能不能学到它在教些什么,而不是当我要死的时候,才发现自己不曾生活过。
>
> ——亨利·戴维·梭罗(Henry David Thoreau)

从工业时代到信息时代,我们身处钢筋水泥和数字代码的世界,前者在物理层面将人类与自然隔开,后者在精神层面筑起智能与真实世界的隔墙。在工作和学习中,分秒必争的节奏和压力相互叠加。在生活和社交中,被琐事挤压的情感时空,又被电子屏幕占据。与真实的自然世界长期疏离的结果是,人的身体、心理和精神状态不断出现问题,社交孤独、数字疲劳、注意力分散、肥胖症、颈椎病、视力下降、抑郁症、焦虑症等"自然缺失症"症状越来越常见。

多项研究表明,亲近自然有助于人类的身心健康。一项关于心理健康护理的自然疗法的研究综述发现,亲近大自然有助于缓解焦虑、减少压力、降低抑郁水平。不仅如此,自然环境还能提高我们的注意力和认知功能。根据美国环境心理学家卡普兰夫妇

（Rachel Kaplan, Stephen Kaplan）提出的注意力恢复理论，在远离日常生活环境、具有延展性的空间内，做一些符合我们内在动机的活动，获得一些柔和的刺激，有助于我们的注意力恢复。《自然》杂志的一项研究也发现，在自然环境中散步的受试者，在认知测试中的表现明显优于在城市环境中散步的受试者。

　　回到自然的怀抱里，就如同回到温暖的子宫里，可以面对生命最纯粹的实相，感受自然给予的滋养、爱和喜悦。约瑟夫·克奈尔《共享自然》这本书中的自然体验活动给予了人们回到自然怀抱的密码，帮助孩子和成人进入自然，触发好奇心，开启五感，在不知不觉中学习，并获得身心的疗愈。

我们从2010年开始实践约瑟夫·克奈尔的共享自然活动，带领城市家庭伙伴与自然建立联结，指导手册便是他的《与孩子共享自然》和《共享自然》。《与孩子共享自然》是约瑟夫·克奈尔的第一本著作，1979年出版，被选为美国1890年以来出版的"15部帮助儿童、家庭与自然联结"的著作之一。而你手里这本《共享自然》，则是《与孩子共享自然》的全新增订升级版，约瑟夫把他毕生努力成果的精华沉淀、整理后，全部融入这本书中。书中不仅收录了《与孩子共享自然》中最受欢迎的体验游戏，还精挑细选加入了许多全新的体验游戏。同时，在这本书里，他把自己终生探索和实践的体验式自然教育理念和户外教学策略心流学习法进行了扩充，并和书中的自然体验游戏完美交融。

十几年来，每当我们在实践共享自然活动时，看到孩子和家长在活动中感到由衷的喜悦，看到他们对万物的同理心和环境意识得到了提升，看到他们自然而然地升起对自然的敬畏，我们就知道：共享自然活动，正是让人沉浸自然、收获意识觉醒的钥匙。这种沉浸自然的感受，是你和周围的一切融为一体，你就是它，它就是你，时间在不知不觉中流逝。

大自然拥有快乐、扩张、和谐与爱的特质，共享自然活动引导参与者体验好玩又快乐的自然游戏，通过正向、积极、和谐的团体凝聚力的活动带领和共同创造，让人们在自然、放松的状态下，体验到这些特质。

当心流学习法教学策略与共享自然活动融为一体，能带来一种能量流动的活动体验。"直接体验"和"共享感悟"是其中的两个重要教学步骤，帮助来到大自然的人们，进入深度的沉浸式的自然体验，收获自己的真实感受，并和大家一起分享。其美妙之处在于人们在这个与自然和伙伴们全身心互动的过程中，往往会对大自然产生自己深刻而独特的体验，这种体验会融入每个人的生命历程中，意识觉醒、智慧出现，自然而然对自己的生活进行重新觉察，思维变得更加灵动、开放，从而真正地改变自己，受益终身。

约瑟夫·克奈尔曾说，"共享自然"运用的是一种直觉性的学习方法。它作用于我们大脑中学习新知识、进行高级思维活动的区域，这也是我们感知人类美好品质（敬畏、爱、惊奇等）的区域。当人们对大自然有深刻的体验，就能感受到与周围万物相连

的喜悦，感受到爱和生命的扩张。共享自然活动最终是为了让人们以一种更为觉醒的意识回到现实生活，在更高的维度上，开启新的人生。真实的体验、情感的共鸣、自我的探寻、对生命实相的体悟，是我们活着的真正意涵。

愿教师、父母等陪伴孩子成长的人都能从这本书中学到简单、实用的自然游戏和教学方式。诚如约瑟夫·克奈尔提倡的："要创造一个真正热爱和崇敬自然的社会，我们必须为身处其中的人们提供足以改变生命轨迹的自然体验。"

林红
中国自然教育网络理事
全球共享自然协会中国代表处执行长
2024年8月于福州

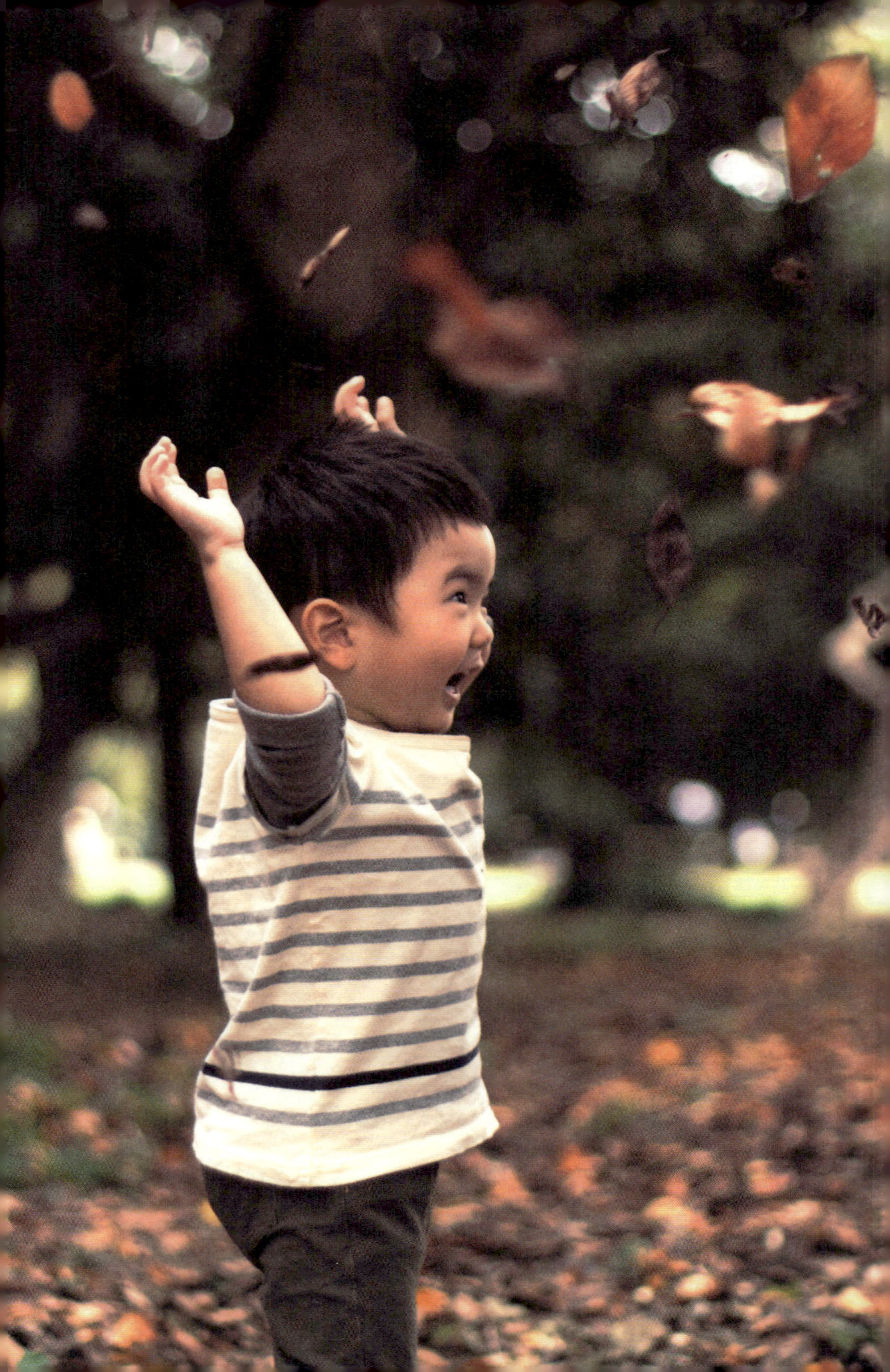

英文版推荐序一

未来属于那些熟悉自然的人

在自然世界中的经历,无论发生在最近还是在很久以前,总能给我们带来生机与活力。如果你愿意的话,回想那些在户外活动的时刻,走来走去,做事情,学习,充分运用自己的感官,感受着真正的喜悦。这些时刻或许难能可贵——当然我希望并非如此——但如果你真的有幸经历过这样的时刻,它们将长留心间。这些记忆蕴含着生命,每当你回忆起来,都能再次感受到那种深刻的惊奇感和可能性。

"是否有一种方法可以让他人重拾这种真实的鲜活的感受呢?"这是教育家约瑟夫·克奈尔在1971年向自己提出的问题。

要开发出一种基于自然的教学方法,唤醒一群活泼好动的孩子内心深处的敬畏感和可能性,这绝非易事,但克奈尔做到了。他通过数百次的实地培训和他的著作,创立了一个以自然为基础的强大教学品牌。他的心流学习法教学策略,把快乐作为教和学的有机组成部分,帮助世界各地的教师与学生产生联结。澳大利亚新南威尔士州教育部环境教育顾问戴维·特里布(David Tribe)描述了这种影响:"心流学习法各阶段以及配套各种活动的使用,使环境教育的教学变成一种令人愉快的事。"

心流学习法的精髓看似简单。克奈尔睿智地说:"学生最大的财富是热情、好奇心和惊奇感。如果扼杀了这些品质,我们摧毁的是心中那个想要碰触并且拥抱生命的自己。"

越来越多的趣闻和研究证据表明,如果人们经常在自然环境中玩耍和学习,任何年龄段的人都会感觉更快乐,身心更健康,学习成绩也会更好。自然环境对我们的感官、身心健康以及我们与家人、与更广泛群落(包括其他物种)的联系,都具有积极的影响。简而言之,当我们修复了与自然的联结时,我们也就修复了自己。

在这本35周年特别纪念版中,克奈尔将他影响深远的著作《与孩子共享自然》提升到了一个新的高度,并涵盖了所有年龄段。这种创新的方法邀请儿童和成人通过游戏和其他愉快的人际交往来学习、认识自然世界,并在明媚的阳光下,简单、纯净地展示其精神理念。最重要的是,克奈尔提醒我们,丰富的自然生活充满了乐趣。世界各地的教育工作者都反馈说,孩子们沉浸在这种体验式的心流学习中,没有觉察到他们所感受的愉悦也是课程规划的一部分。

2005年,随着我的著作《林间最后的小孩》(Last Child in the Woods)的出版,我提出了"自然缺失症"(nature-deficit disorder)这一术语。它犹如一道门,引发了人们对人与自然其他部分之间的脱节,以及这种脱节导致的影响的广泛关注与社会对话。不断上升的肥胖率、抑郁和焦虑的发病率,成人糖尿病的激增等都强烈表明,久坐不动的生活方式导致了一系列健康问题。正如世界卫生组织在2002年的一份报告中指出的那样,久坐不动的生活方式很可能是世界上十大导致死亡和残疾的主要原因之一。

科学不能解答一切疑问,但我们清楚地知道,即使是有限地接触大自然,也能减轻注意力缺陷障碍的影响,抵消不良压力带来的影响。有关这些益处的研究正成倍增加。这方面我们仍需更多的研究,但正如华盛顿大学公共卫生学院院长霍华德·弗鲁姆金(Howard Frumkin)所说的:"我们知道的已经足够采取行动了。"

如今,以自然教育为基础的学校越来越受人瞩目。约瑟夫·克奈尔鼓舞人心的工作影响了许多教育工作者,他的著作也大力肯定了城市公园、家庭花园和学校校园的重要性。正如你将看到的,克奈尔设计了巧妙的以自然为主题的游戏,它们几乎能在任何场所进行。他崇尚神秘、宁静的专注力、观察力和受启发的可能性。他的作品照亮了我们在匆忙的日常生活中有时会忽略的价值;他提醒世界各地的教师——与大自然的深度联结至关重要。

可以肯定的是,教师、家长和照顾者能在这本书中找到讲故事、带领自然漫步的实用建议和内在智慧。

我们中的许多人都相信,未来属于那些熟悉自然的人。他们通过体验发展出对自然世界的深刻理解,为日趋虚拟的世界带来平衡。约瑟夫·克奈尔慷慨又温和的作品将持续引领我们前行。

理查德·洛夫(Richard Louv)

儿童与自然网络荣誉主席

《林间最后的小孩》和《自然原则》作者

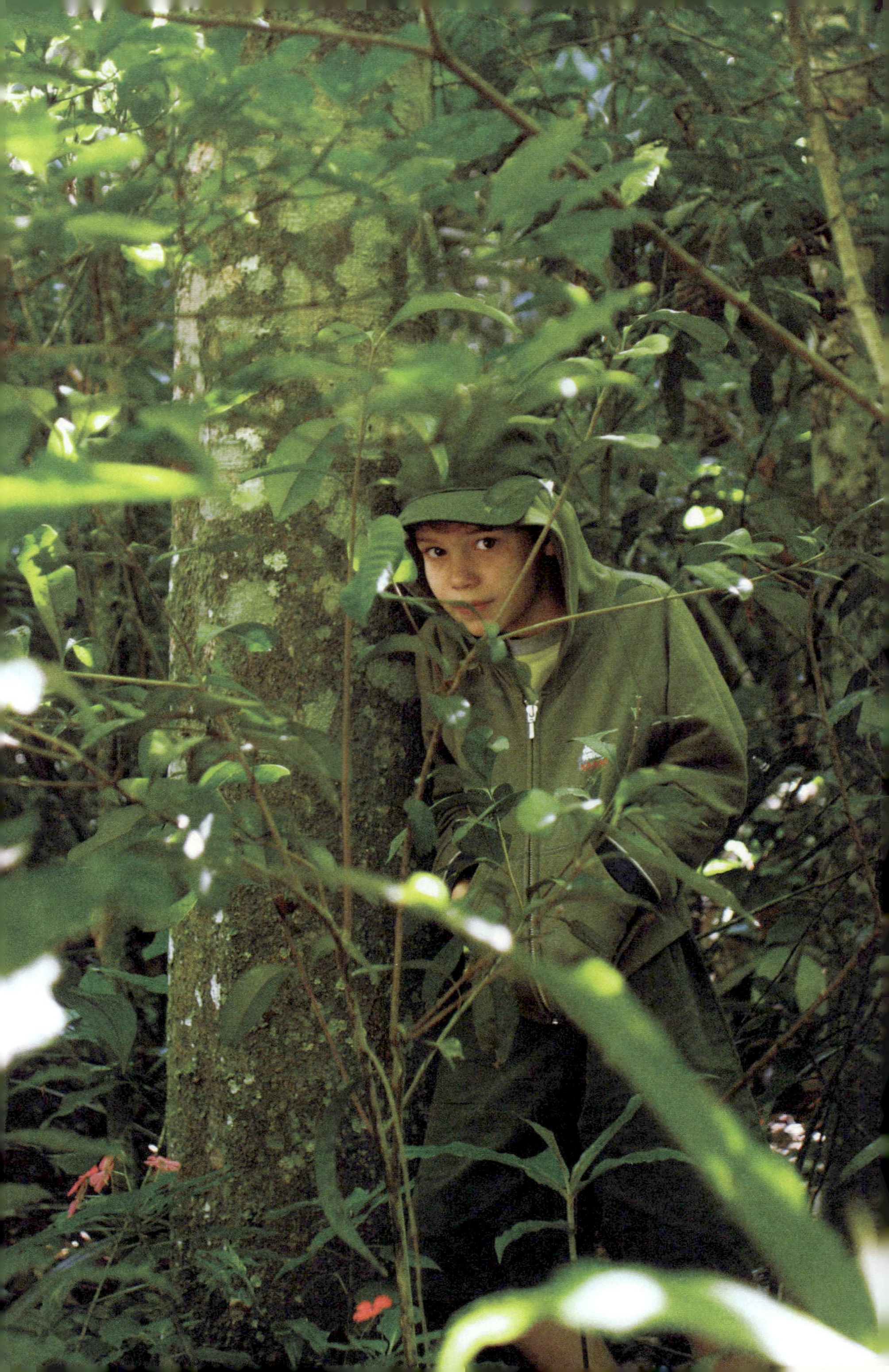

英文版推荐序二

沉浸于大自然的奇妙,生命将焕然一新

各种传统文化在训练守护者和侦察兵时,教导他们在面对危险和威胁时要采取两个步骤:首先是觉察,然后是行动。如果没有对环境进行充分觉察,行动不仅会被误导,而且缺乏效果。

同样的规则也适用于修复我们与大自然的关系。越来越多的人意识到地球已经和正在遭受的毒害,也意识到我们若要适当地发展,就需要拥有全然沉浸于自然的体验。这双重觉察为人类能够再次以尊重的态度与其他生命共享空气、土地和水带来了希望。

幸运的是,我们已经有了自己的守护者,他们为唤醒我们的觉知挺身而出。65 年前,奥尔多·利奥波德(Aldo Leopold)在《沙乡年鉴》(*A Sand County Almanac*)中告诉我们,大自然的平衡是一种至高无上的价值。13 年后,蕾切尔·卡森(Rachel Carson)的《寂静的春天》(*Silent Spring*)让我们清醒地认识到我们肆意使用杀虫剂所造成的破坏。

然而,如果不采取行动,觉知就毫无意义。利奥波德和卡森被认为推动了环境保护运动的开始,促成了美国环境保护局的成立。

但我们还需要进一步的行动和呼吁。卡森在 1965 年的《惊奇

之心》(The Sense of Wonder)这本书中,鼓励父母帮助孩子体验自然的各种奇迹,她说:"任何人,只要愿意将自己的身心安放于天地大海,都可以感受到大自然的奇妙。"

1979年,约瑟夫·克奈尔回应了卡森的呼吁,出版了《与孩子共享自然》。这一事件标志着环境运动达到了一个新的成熟水平,因为约瑟夫的书清楚地确认了一个基本事实:大自然永续福祉的未来掌握在我们孩子的手中。

尽管环境运动在《与孩子共享自然》一书出版之前就已经存在,但它并没有响应卡森的号召,让我们的孩子"处于"大自然的"影响"之下,典型的环境教育课程只不过是一次导览:走到一个景点,听自然学家的讲解,然后再走到下一个景点。很少有孩子能透过知识和数字领略到自然真正的影响。

约瑟夫在《与孩子共享自然》中发表的观点,引发了一场环境教育革命。突然之间,学校教师、家长,乃至婴幼儿保姆们都有了一种沉浸式体验的方法,这种方法如此简单明了,以至于他们能够带领孩子们走出户外,促进他们与大自然建立深刻、有意义的联结。

约瑟夫的方法之所以如此有效,是因为它基于一个全新的教学理念——趣味性!孩子们通过玩书中的52个游戏获得了巨大的乐趣;这些游戏为孩子们提供了一种享受大自然的方式。孩子们不再需要忍受枯燥的说教,而是开始提出问题,渴望更多的发现。

即使有了这一重大飞跃,环境教育的革命仍未结束。在孩子们觉醒的同时,环境危机也在不断恶化。

然而，卡森和利奥波德的精神在两位下一代作家身上得以延续。在《与孩子共享自然》出版 10 年后，比尔·麦吉本（Bill McKibben）出版了《自然的终结》（*The End of Nature*）。这本书让我们了解到人类不断对环境造成巨大破坏的最新情况。此后不久，理查德·洛夫的《林间最后的小孩》让我们清醒地认识到，对于卡森提出的让孩子们沉浸于奇妙大自然的请求，我们落实得是有多么不力。

尽管《与孩子共享自然》作出了巨大贡献，但仍有许多儿童需要帮助。他们患上了洛夫所说的"自然缺失症"，即由于与自然的疏离导致的发展障碍。这场革命需要重新焕发活力。正如麦吉本明确指出的那样，要想重振这场革命，使其产生持久的影响，就必须让成人和儿童都参与进来。

你手中的这本书就是约瑟夫对这种诉求的回应。

在克奈尔第一本书的基础上，《共享自然》不仅关照了孩子，也惠及了我们每个成年人内在的好奇和爱玩的童真。这本书带领我们超越理智的限制，超越恐惧和绝望，走入心灵。就是在这里，真正的理解和欣赏，以及真正的改变，才会发生。

约瑟夫·克奈尔通过心流学习法实现了这种转变（见本书第一部分），这与《与孩子共享自然》中开创性的"有趣的游戏"方法一样，开启了一个全新起点。就像传统的守护者训练一样，心流学习法通过三个渐进的步骤把人从觉察带入切实的行动：首先唤醒热情，接着是培养专注，最后是使人沉浸于自然体验。在这三个步骤之后是第四个步骤，是让参与者相互分享获得的成果。前三个步骤是从觉察到行动的递进过程，第四步则将收获的心得转为持久、深刻的记忆。

了解自然就会热爱自然，热爱自然就会希望保护自然。心流学习法通过让人们直接和亲密地沉浸于自然，来帮助人们了解自然。从我与儿童、成人的相处经验来看，凡是经历过心流学习法活动引导的人，几乎没有人在离开时仍然是被动的自然观察者。在我的记忆中，也没有人会把这次经历当作又一次不值得记住的回忆。让我感触最深的是，我亲眼看见了很多成年人从一种对自然漠不关心甚至是榨取的态度，转变为发展一种对自然关爱和守护的关系。

心流学习法的一个附带好处是能让孩子们变得非常投入，以至于很少会产生厌倦情绪和由此引发的纪律问题。

我鼓励你听从克奈尔的建议，同时采用心流学习法和《共享自然》中的活动。在我的传统原住民生活、直觉追踪和守护者培训课程中，我以不同方式使用了书中的大部分游戏和活动。我把为孩子设计的许多活动调整为面向成人的活动，取得了巨大成功。我们的直觉智慧和对地球母亲与生俱来的爱，既不受年龄限制，也不受经验水平的限制。

我相信心流学习法之所以如此有效，是因为它与我们天生的学习方式相得益彰，是一种从观察到沉浸再到感受的直觉式活动。由于心流学习法呼应了我们天生的学习方式，和我一起工作的教育工作者都能快速、轻松地适应这种方法。

梭罗说："我有一个属于自己的房间，它就是大自然。"通过

《共享自然》，约瑟夫·克奈尔运用一个向导的经验和敏锐，为我们指明了通往自己房间的道路。正如克奈尔沿着伟大的自然学家前辈们的足迹前行一样，让我们沿着他的足迹前行，从他的文字中得到启发，迈向自然觉察的新曙光——

"我深爱黎明的曙光给大地带来生机——金色的阳光洒满田野和池塘，鸟儿和野兔四处觅食。日出时分，所有生命似乎焕然一新，我感觉自己与万物融为一体，欣喜不已。"

塔玛拉克·宋（Tamarack Song）
教学鼓户外学校（Teaching Drum Outdoor School）负责人
《进入追踪者的心灵》《远古的低语》《心灵信任之歌》作者

青年时期的约瑟夫·克奈尔

引 子

本书背后的故事

1971年，我刚入大学主修自然觉察（nature awareness）专业，在加利福尼亚的一座山脚下，我第一次带领一所小学的22名二年级学生去自然徒步。那之前不久，我在内华达山脉的荒野中刚刚领略了大自然的雄伟壮丽——我希望孩子们也能够亲身感受这些深深感动过我的美景。考虑到我完全没有教学经验，这个目标真是高不可及。

我犯的第一个错误是，在没有明确计划如何集中并释放孩子们旺盛精力的情况下，就带他们沿着一条古老的林间小路前行。孩子们在户外非常兴奋，把林间小路当成赛跑的跑道，对周围的自然环境视而不见。他们在前面跑，我只能在后面追。终于，我们停下来吃午饭，然后孩子们又精力旺盛地跑回教室。

我原本希望孩子们能真正去感受和欣赏周围的树木和动物。尽管我知道我没有实现这次自然徒步的目标，但我在心里觉得，一定有一种方式可以将人们与大自然深深联系起来。我只是还没有找到它。

当时大多数户外学习都采用"走—停—说"的模式：引导者会在感兴趣的事物前停下脚步，向参与者解说，然后再带领他们前进到下一个目标。大家只是被动地聆听。记得我曾在俄亥俄州参加过这种方式的森林漫步活动，在某一时刻，我感到无聊至极，以至于怀疑自己是否真心想成为一名自然学家。后来，我才意识到，一整天下来，我都没有靠近过一棵树，与树的距离始终在9米以外。

20世纪70年代初，体验式自然活动的概念刚刚兴起。在这里，我恰好找到了我一直寻寻觅觅的东西——自然活动。这种方式可帮助人们以一种身心愉悦的方式充分融入大自然。

当我发现自然体验活动使学习变得生动有趣、充满活力和快乐时，我立即开始创造自己的活动，并很快发现自己与他人分享这些活动也取得了巨大成功。看到玩这些游戏的孩子和成年人不仅变得生机勃勃，他们与自然、与自己最美好的部分还产生了深

《与孩子共享自然》出版后，立即在世界各地受到热烈欢迎。图为阿根廷南部公园的护林员在工作坊中进行"猫头鹰和乌鸦"的自然体验活动。其中一位护林员利用晚上的业余时间将这本书翻译成西班牙语，供他们不懂英语的同事阅读。

刻的共鸣时，我感到满心幸福。

  1979年，我出版了《与孩子共享自然》这本书，它在国际上开创并推广了自然体验活动的运用。世界各地的父母和教育人士都对这些活动表现出了极大的热情，正如美国国家奥杜邦学会（National Audubon Society）[1]教育副总裁杜里埃·莫顿（Duryea Morton）所写的："通过这些活动，孩子们能真正体验到成为自然

---

[1] 美国国家奥杜邦学会，成立于1886年，是世界同类组织中历史最悠久的非营利性民间环保组织。这一组织是为纪念美国鸟类学家、博物学家和画家约翰·詹姆斯·奥杜邦而命名。学会在美国各地都设有分支机构，经常组织观鸟等与野生动物保护有关的野外活动。——编者注

  特别说明：全书注释未加"编者注"的，均为英文原版注释。

引子　本书背后的故事

世界的一部分、与自然世界融合的感觉。"

露西·格茨（Lucy Gertz）是美国马萨诸塞州奥杜邦学会的一名经理。对于20世纪80年代早期《与孩子共享自然》对自然教育领域产生的巨大影响，她在2002年这样写道：

> 当《与孩子共享自然》这本书出现在我们中间时，教师和自然学家们就像秃鹰争相捕食一样冲向它。我们中的大多数人都是环境教育的新手，手上只有生态学教科书和野外图鉴手册，除了满腔热情，几乎没有其他东西能教导我们怎么做。但在这本书中，我们找到了一切——理念、活动和引导孩子们获得有意义的环境教育体验的方法。这本小书对我们来说意义重大——它是我们的向导和指南针。

如今，几乎每个国家的教育工作者、自然学家、父母、青少年和宗教领袖都热衷于开展这些活动。仅在日本，就有超过35 000人成为受过训练的共享自然引导员。

为了纪念《与孩子共享自然》出版35周年，我对原版进行了更新和完全重新编写，融入了我举办数百场培训课程中获得的真知灼见。《共享自然》收录了《与孩子共享自然》第一、二版中最受欢迎和喜爱的体验游戏，除此之外，还加入了许多全新的体验游戏。此外，这本书也纳入了扩充版的心流学习法——使自然活动成为乐趣的一种户外学习策略。

《共享自然》这本新书中的 52 项活动，每一个都经过精挑细选，都能加深人们对大自然的深层理解，让人们与大自然产生深度联结。希望你在与大小朋友们共享自然之乐时，能拥有美好难忘的瞬间。

1981 年，《与孩子共享自然》德语版出版；1989 年，克奈尔先生亲自到德国介绍共享自然的理念和方法。德国黑森州大自然保护学院院长 F.W. 乔治说："约瑟夫·克奈尔对中欧环境教育的发展有着显著又深远的影响。"

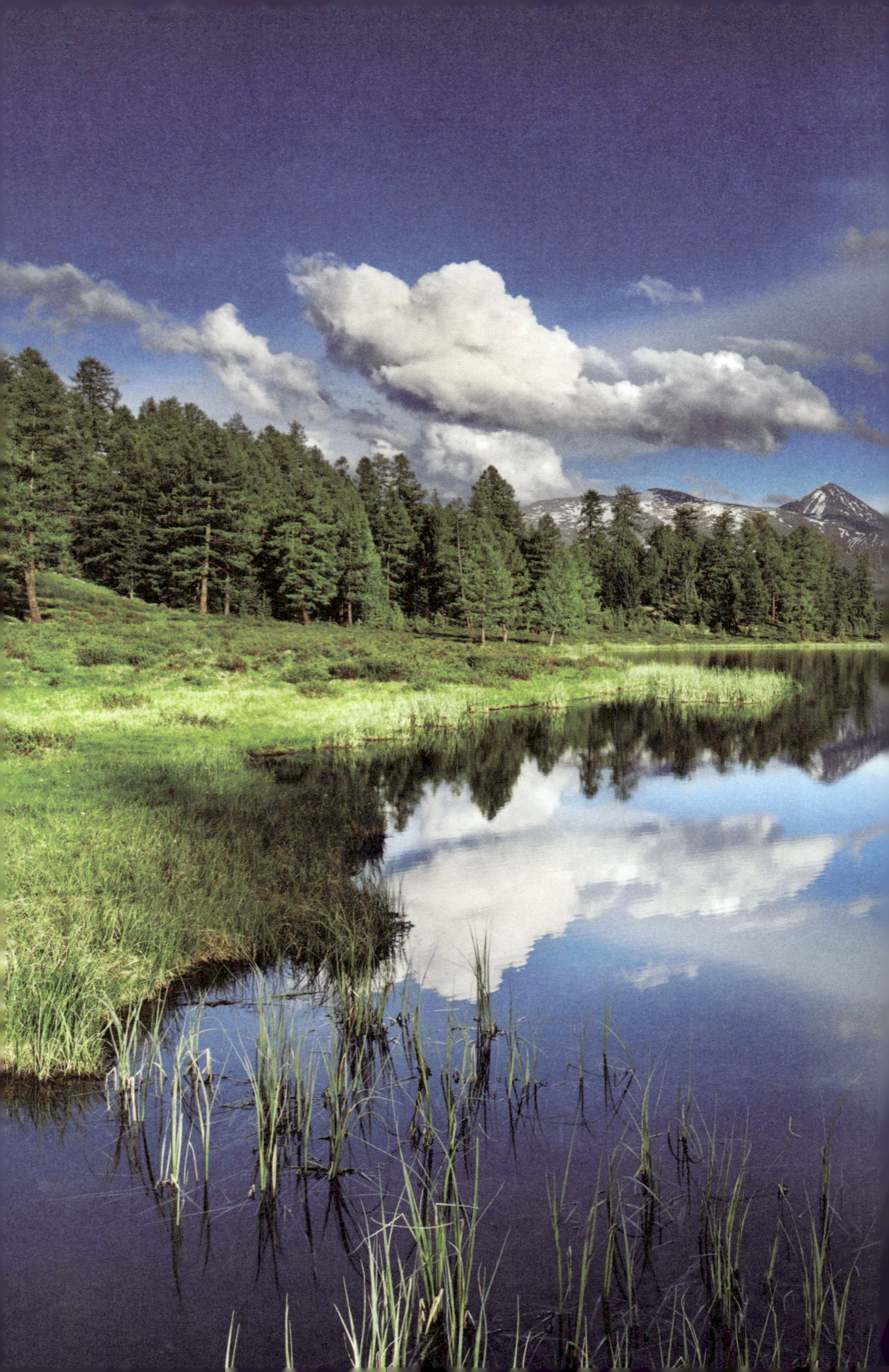

第一部分

心流学习法

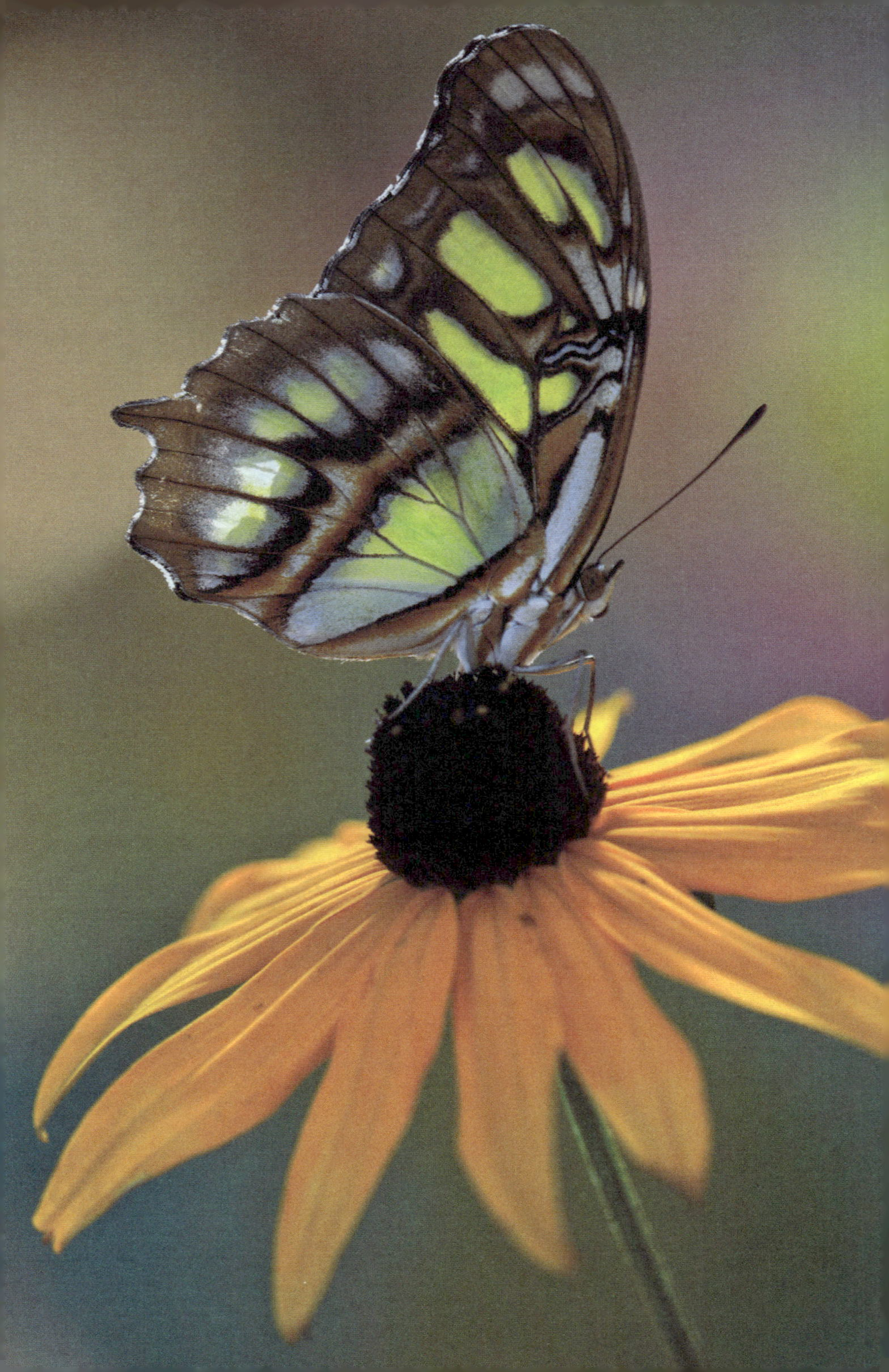

第1章

用心学习

在一个蓝天白云的晴朗日子里,我带领一群孩子深入森林。暴风雨刚刚结束,云层间洒下的光线照亮了整个森林,大自然闪耀着生命的光芒。动物在森林随处可见,它们沉醉在暴风雨后的新鲜气息中,欢欣鼓舞。

对于感性的自然体验来说,37个孩子的团队似乎有些庞大了。然而,高耸入云的树木沐浴着阳光,草地上鲜花绽放,散发出的魔力让人着迷,孩子们自发地分成小组,在森林中穿行。每个探险小队都有接二连三的新发现,我几乎跟不上他们急切的呼唤、提问和惊叹。

我始终记得那个下午,那是一次特别令人满意的与孩子共享自然的经历。当身为引导员的我们,通过户外自然活动,让人们有了敏锐的发现和身临其境的直接体验时,大自然会以美妙的方式改变人们的生活。

在那次徒步旅行中,我看到了男孩杰克身上发生的变化。在家里,杰克是个猎人,他经常射杀鸟儿,认为它们只是具有挑战性的移动的活靶子。鸟儿是活生生的生命,这对杰克来说似乎是一个不现实的想法；他也不知道法律禁止人们射杀鸟类。

徒步结束前，我让孩子们躺在地上，仰望着大橡树舒展的枝条。当我们从这个独特的角度欣赏橡树时，旁边的树上传来一群丛山雀"唧唧"的叫声——那是一种体形很小的灰褐色的小鸣鸟。

我教给孩子们一种可以吸引小鸣鸟的简单叫声。大约25只山雀回应了我；它们穿过树枝，越飞越近，离我们只有一两米远。山雀的叫声又吸引了邻近的其他鸟类。不久，黄腹丽唐纳雀、北美白眉山雀、䴓（shī）和莺都在我们头顶的橡树上跳来跳去。看着这么多鸟儿在树枝间跳跃、歌唱的景象，孩子们惊呆了。

超过50只鸟儿回应了我们的呼唤，孩子们热切地询问每种鸟儿的名字。当一只黑黄相间、头顶鲜红的鸟儿出现时，我告诉他们："那是黄腹丽唐纳雀！它从墨西哥或中美洲远道而来，在这片

树林里抚养儿女。"大多数鸟儿都停留了足够长的时间，我有充足的时间和孩子们分享关于它们的有趣故事。

这些鸟儿如此亲近，以至于每只鸟儿对孩子们来说都是活灵活现的生命。那一周余下的时间里，孩子们对鸟类产生了浓厚的兴趣。杰克被这次经历深深地触动了，每当我们发现一种新鸟，他总是想最先知道这只鸟的名字和习性。杰克对鸟的态度完全改变了，他开始把鸟类视为一种美丽的生命，就像是自己的同伴一样。

20世纪初，自然研究运动的创始人利伯蒂·海德·贝利（Liberty Hyde Bailey）说："教育的最高境界是使人对生命具有感受力。"为了鼓励尊重生命的态度，我们需要从觉察开始，进而产生爱的同理心。感受到自己与活生生的生命之间有着共同联结，能

使我们更加关切所有生命的福祉。日本著名的生态环境保护者田中正造说:"河流的保护不在于河流本身,而在于人心。"

我的一位朋友带着他 8 岁的儿子在加拿大落基山脉徒步旅行,他发现,仅仅接触大自然是不够的。他们徒步了好几个小时,直到来到了一处可以俯瞰两个冰川河谷和几个高山湖泊的壮观景点。

他说:"光是这景色,就让我们从艾奥瓦州来的这次旅行值了。"他建议儿子坐下来欣赏迷人的山光水色。令我朋友感到沮丧的是,一直在山路上兴高采烈奔跑的小男孩只坐了 5 秒钟,就匆忙站起来,开始在山路上跑来跑去。我的朋友说他真想大喊一声"给我停下!好好欣赏这壮丽的景色!"

我们这些热爱野外的人喜欢与他人分享我们的喜悦,但是,

正如我的朋友所发现的那样，要集中孩子们旺盛的活力，或者让那些缺乏好奇心或惊奇感的成年人参与进来，并不是一件容易的事情。

我在 20 世纪 80 年代开发出一套教学方法，这套方法至今仍是我的工作核心。成千上万的教育工作者和户外活动引导员已发现这套教学方法非常有益。它是一种让户外学习充满乐趣、充满活力、充满体验、令人振奋的策略。自从创建了这套方法，我一直能够持续地实现自己作为一名自然教育工作者的最高目标。

这套方法展示了如何有目标又行云流水般地开展自然活动，我将它称为"心流学习法"。它以普遍的觉察原则和我们人类如何学习、成长为基础，同时运用头脑和心灵，对生命赋予真正的领悟与欣赏。

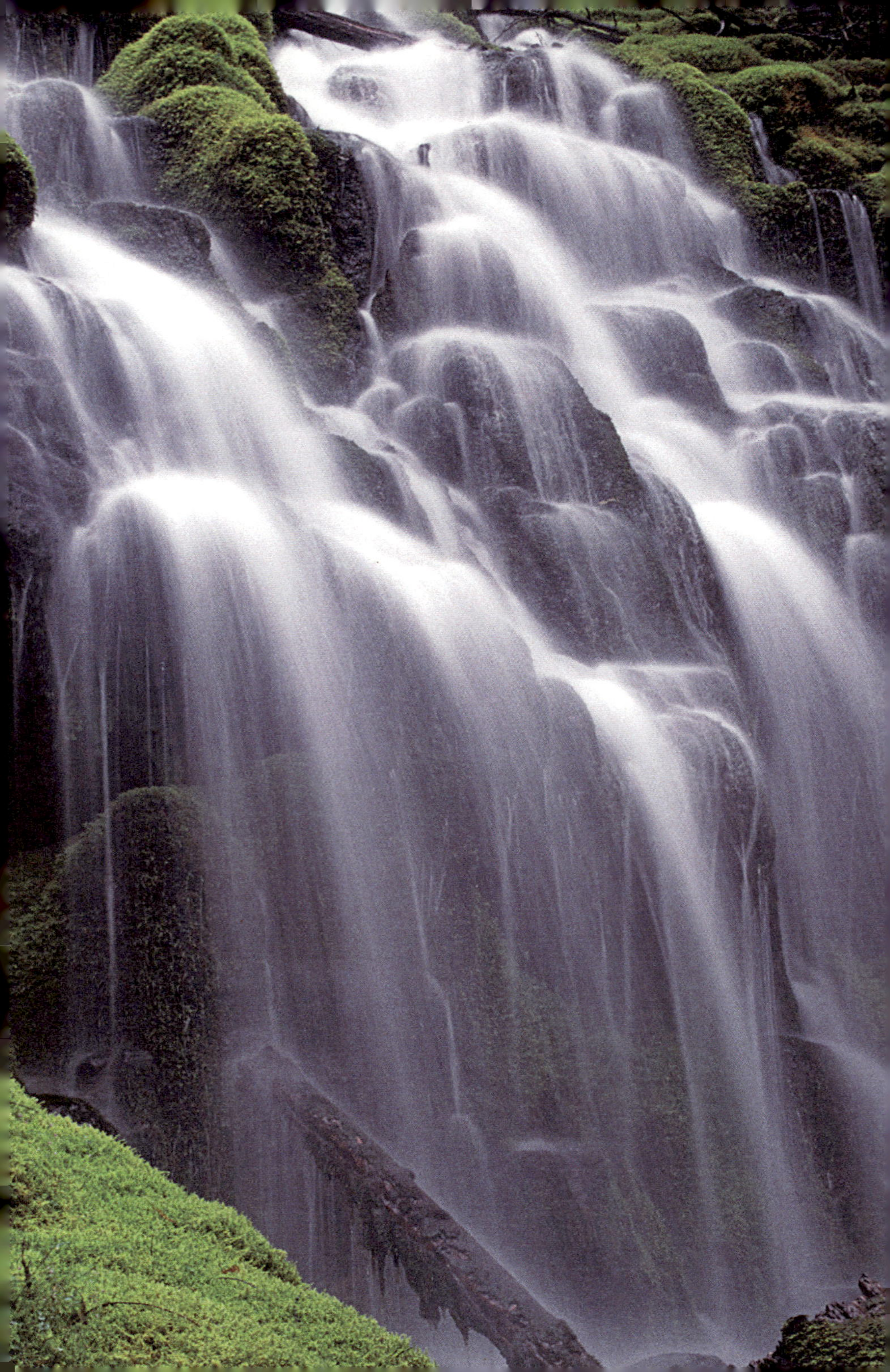

心流学习法：
通往自然觉察的步骤

当我还是一名年轻的自然工作者时，我就意识到无论群体的年龄、情绪和文化背景如何，只要通过特定的步骤进行游戏和活动，似乎总能达到最佳成效。世界各地的人们都会对这样的步骤产生回应，因为它与人类深层的本性一致。

这些步骤提供了一个简单的框架，使你在组织自然觉察课程时，能够获得最佳效果。你能够满足人们的不同兴趣和能量水平，然后一步步引导他们走向更有意义、更深刻的自然体验。

心流学习法一共有四个阶段，你能从一个阶段自然流动到下一个阶段，每个阶段的自然活动都简单易玩，寓教于乐，启发智慧，引人入胜。

心流学习法可以成功地运用到 30 分钟到一整天的课程中。尽管它最初是为户外自然活动教学而开发的，但也适用于室内或户外的任何主题教学。

心流学习法的四个阶段

第一阶段：**唤醒热情**

第二阶段：**培养专注**

第三阶段：**直接体验**

第四阶段：**共享感悟**

让我们逐一了解各个阶段。

第一阶段：唤醒热情

缺乏热情的人所学有限，而且永远无法获得有意义的自然体验。我所说的热情，并不是指上蹿下跳的兴奋状态，而是一种强烈的兴趣和觉察。

唤醒热情的游戏使学习变得有趣、有指导性和体验性，并在教师、学员和学习目标之间建立良好的关系。

第二阶段：培养专注

学习取决于专注力，仅有热情是不够的。如果我们的思绪是散乱的，我们无法对大自然或其他任何事物保持积极的觉察。作为引导员，我们希望将学员的热情导向专注。

培养专注的活动帮助学员细心和敏锐地接收大自然的讯息。

第三阶段：直接体验

沉浸式的自然体验，能使学员与大自然建立一种深度联结。直接体验活动建立在学员的热情和感受力之上，通常是安静且深具意义的活动。

通过让我们与鸟儿、树木繁茂的山丘或任何自然主题直接面对面，直接体验活动让我们拥有对自然的直观体验。

直观体验是不经过理性与逻辑思考的，它为我们提供直接且源于内在的自然认知。梭罗称直观学习为"美丽的知识"。

第四阶段：共享感悟

共享感悟是反思，与他人分享感悟，加强和澄清个人体验。分享，能让那些共同的但往往没有表达出来的感受更加明晰。这会让人彼此之间的联结更加紧密，也会让人更贴近活动主题。

共享感悟营造了一种完整感和振奋人心的氛围，有助于人们拥抱崇高的理想。

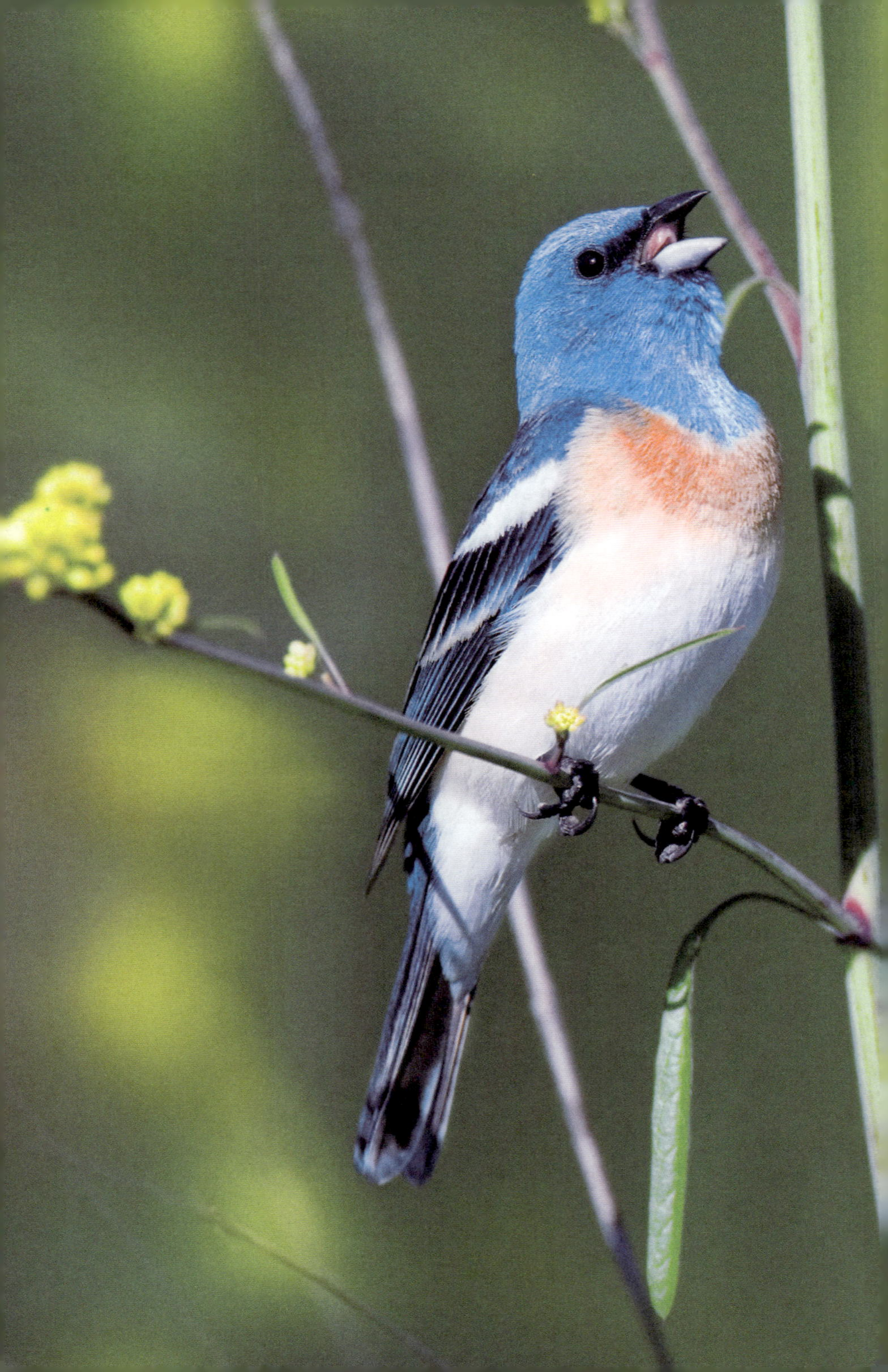

第 2 章
心流学习法的艺术

就像河流朝着大海奔流,心流学习法的本质是朝着更高的觉知和领悟发展。然而,正如河流可以改变它的形式和流速——有激流、平缓的池水和漩涡——引导员也可以改变心流学习法四个阶段的顺序。例如,由于幼儿的注意力持续时间较短,在第三阶段的安静活动之后,可以进行更活跃、充满趣味的第一阶段的游戏,或者能让人平静下来的第二阶段的活动。同样,成人和青少年也能从第一或第二阶段的游戏的节奏变化中受益。

心流学习法的设计是为了使活动流畅,并且引发共鸣。在一场活动中,通常会按照其基本阶段的顺序 1—2—3—4 进行,但在实际操作中,可以改变这个顺序以满足活动团队当下的需求。引导员要始终密切关注队员的兴趣和投入程度,使用适当的活动来保持愉快且有成效的能量流动。

心流学习法的第三阶段涉及直觉式的自然体验。直觉是一种平静感,它就像一面镜子,清楚地反映生命的模样。理性只能描述一棵盛开的樱花树,却无法帮助我们去感受这棵樱花树。

教育往往以事实为导向,很少关心学生是否对这些事实感兴

趣。学生最大的财富是热情、好奇心和惊奇感。如果扼杀了这些品质，我们摧毁的是心中那个想要碰触并且拥抱生命的自己。

约翰·巴勒斯（John Burroughs）曾经说过："缺乏热爱的知识是不会长久的。但如果热爱先来，知识一定会随之而来。当孩子们有足够的兴趣提出问题时，一定要留出足够的时间来回答他们的问题。"心流学习法是以学习者为中心的，而非靠主题驱动；引导员通过这种方式分享知识，能支持和促成更深层次的学习。

教师职业倦怠的一个主要原因是投入精力却得不到相应的回应。好的教学是师生之间一场愉快的交流——相互给予，相互接受。

一位在科罗拉多大峡谷工作的自然学家告诉我，"当我尽力与游客分享我对大峡谷的感情时，常常感到沮丧，因为他们并不像

我那样去欣赏这个公园。我觉得我得用自己的热情来带动他们，事后我感到疲惫不堪。"

在与这位自然学家交谈时，我意识到她一直在分享她对大峡谷的欣喜之情，却未能帮助游客产生同样的感觉。而心流学习法重在培育个人体验和内在启示，参与者的鉴赏力和灵感都会提升到一个很高的水平。心流学习者不是被动的学习者，而是热切且快乐地与主题和引导者建立联系。

在实践操作上，心流学习法通过使参与者保持兴趣和参与度，从而使团队在体验中获得最大收益。心流学习法也适用于引导自然觉察之外的其他主题。任何课堂都能因学生变得更主动、更正向、更平静、更专注而获益。

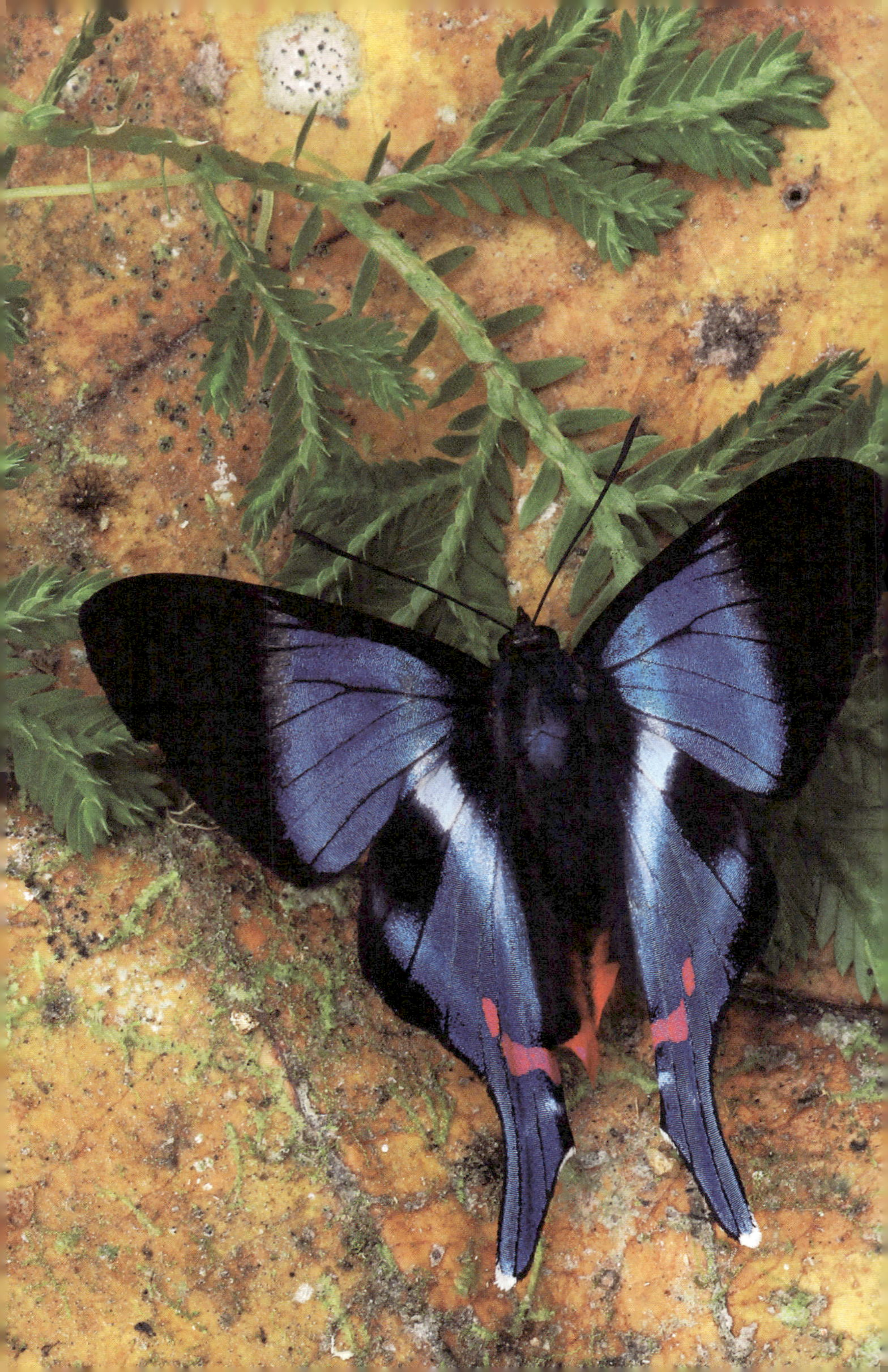

第 3 章

自然觉察的四个步骤

让我们深入了解心流学习法的每个阶段,以及每个阶段的游戏和活动案例。

第一阶段:唤醒热情

因为人们会在几分钟内决定他们是否喜欢某样东西,所以你的自然活动一定要有好的开始。用引人入胜(通常是很活泼)的活动作为开场,更能使团队成员愿意全心全意地参与。如果人们喜欢课程的开端,他们会在精神上和你在一起,并为这堂课的目标而努力。

这个阶段有趣的游戏能创造出强大的能量和兴趣流。当你看到人们充满了快乐的热情时,你就达到了这个阶段的目的。

热情被定义为强烈且热切的愉悦和兴趣。热切的兴趣是能够让你的活动取得价值成果的动力。

想象你坐在一辆静止的汽车里,试图用方向盘转动前轮胎。静止的车轮产生的阻力会让它们难以转动,不是吗?然而,如果你启动引擎，哪怕只以每小时 3.2 千米①的速度行驶，都很容易引导滚动的车轮朝着你想要的方向行驶。同样，学生一旦进入"动能状态"，你就能更容易地引导他们。在课堂中营造一种动能感，将使你更有活力、更富成效地带领你的团队。

我把第一阶段的游戏称为水獭游戏，因为水獭是一种成年后也会玩耍的动物。通过分享乐趣，唤醒热情阶段给孩子和成人一种彼此亲近感。它创造了一个机敏和热情的基础，在此基础上你可以建立更微妙、更有意义的学习体验。

唤醒热情的游戏，可以是那些活泼和充满活力的游戏，也可以是那些能激发和挑战一个人求知欲的游戏。在整个过程中，参与者学习有趣的自然史知识，并很乐意进一步了解自然。

人往往会抗拒新事物。成人和青少年常会冷眼旁观，若能选择与团队成员年龄相适应的唤醒热情的游戏，将会有效赢得那些持怀疑态度的团队成员，使其参与进来、愿意投入。

"野生动物大比拼"是一个可以鼓励被动或保守群体充分参与的精彩游戏。玩法是先在每个人的背后别上一张动物图片，然后让他们向其他队员询问一些有关自己背后动物的问题，以设法得知那是什么动物。看到其他人盯着自己背上的照片开怀大笑的模样，很

---

① 全书的数量均以英文原版英制单位（如英里、英尺、英寸等）为基础，再换算为国际单位数量。此处英文原版的英制单位数量为 2 英里，换算后约 3.2 千米。后同。——编者注

少有人能抗拒这个游戏的挑战，或者依旧保持冷眼旁观。

孩子们通常精力充沛。唤醒热情的游戏能温和地将他们的高能量引导到具有建设性的方向。因为孩子们玩得很开心，这些好玩的游戏可以提前消融后面可能出现的纪律问题。对于成年人来说，第一阶段的活动可以很好地提高他们的能量和兴趣水平，帮助他们重温童年玩耍时的自由自在和出其不意。

第一阶段游戏的神奇力量总是让我惊叹不已。1986年，我在日本亲眼见识了这种力量：尽管翻译员有些羞怯，以至于我们彼此的沟通有些尴尬，但这些游戏还是发挥了它的魔力。这群成年引导员面容严肃地站在那里，有礼貌地听着翻译的描述。在简短的开场白之后，我解释了怎么玩"野生动物大比拼"游戏。面对这群严肃有礼的人，我不知道能期待什么，但看到每一张严肃的脸庞最后都绽放出喜悦的笑容，我感到宽慰和高兴。整个团队的能

量水平迅速上升，由此产生的活泼的热情状态持续了一整天。

后来，这些成人看着我与一群孩子活动，包括 15 个性情温和的二年级女生和 5 个 10 岁的男生。男孩们有点野，互相推推搡搡，还笑闹不停。

为了建立合作的态度，我必须先吸引男孩们的兴趣。我打断了他们的玩笑，并快速地把孩子们拉成一个圈。围成圆圈后，孩子们手拉手，我至少在表面上控制了局面。我介绍"蝙蝠和飞蛾"游戏，选择那 5 个男孩扮演飞蛾，而我扮演蝙蝠。当我蒙着眼睛在圆圈内"飞行"时，只能靠"回声定位"来引导自己找到猎物飞蛾。每当我叫出"蝙蝠！"，他们就得喊"飞蛾！"，我会朝着他们叫声的方向跑去，试图抓住我的猎物。这个游戏让飞蛾们都兴奋不已，也给女孩们带来了无穷的乐趣。我们大约玩了 10 分钟。

游戏结束时，孩子们都玩得意犹未尽，并热切期盼着下一个游戏。

慎选开场游戏是相当重要的，需要考虑队员的年龄、兴趣和体能程度。"野生动物大比拼"游戏带给成年人的是有趣的、能提高能量又不失尊严的挑战。多数成年人和青少年对"蝙蝠和飞蛾"这种活泼的、适合儿童能量的游戏并不感兴趣，尤其当它作为活动开始的体验时。然而，我也发现，一旦年长的参与者尝试过适合他们年龄的活动后，也会喜欢参与活泼的儿童游戏。

当你熟悉这些游戏并观察了不同群体对这些游戏的反应后，你就能轻松地挑选出合适的游戏。如果你的团队已有热烈回应，你可以简单地带过第一阶段，快速进入第二或第三阶段的活动。反之，在进行第三阶段的一系列深入的反思性活动之后，再玩一个第一阶段的游戏，有助于维持每个参与者的能量和兴趣。

共享自然的核心原则之一，就是让快乐渗透到整个体验过程。心流学习法的第一阶段，总是充满欢声笑语、友爱互助，有很多体验式学习。快乐的游戏把我们与他人联结在一起，激发好奇心，通过激发想象力来培养创造力，并帮助我们感受充满活力的自己。

心流学习法的第一阶段为后面的阶段奠定了基础。在后面三个阶段，人们会体验到一种更深层次的快乐——一种与自然世界的联结和归属于自然世界的快乐。

第一阶段：唤醒热情

要点：游戏性和机敏性

- 以人类爱玩的天性为基础。
- 营造充满热情的氛围。
- 一个充满活力的开始，让每个人都说"啊，我就喜欢这样！"
- 发展机敏性，克服被动性。
- 为每个人创造投入其中的机会。
- 最大限度地减少纪律问题。
- 培养队员、引导员和主题之间的默契。
- 培养正向的团队精神。
- 提供方向和结构。
- 为稍后更深层的觉察活动做好准备。

第二阶段：培养专注

人类的思绪总是飘忽不定。多年前，我在澳大利亚首都堪培拉向一个由25名教师组成的团队展示了这个事实。我要求每个人尽可能长时间地专注于一棵美丽的树，当注意力一转到其他事情时，就举手示意。6秒钟过后，每个人都举起了手。教师们惊讶地看到他们的思绪是多么地不安分。

心理学家报告说，人类每分钟会产生大约300次自我对话。2010年，哈佛大学的两位研究人员马修·A.基林斯沃思（Matthew A. Killingsworth）和丹尼尔·T.吉尔伯特（Daniel T. Gilbert）发现，成年人有47%的时间在想着与当下做的事情无关的事情。

要了解自然，就必须关注自然。想知道集中意识究竟有多重要，可以试试下面的实验：

去一个风景特别迷人的荒野之地。凝视你的周围，享受你所看到和听到的一切。请注意，当你的意识完全集中时，一切都将变得生机勃勃。接着，当你的思绪开始分散，自然世界也会从你的脑海消失。继续关注你的意识如何流动——察觉你何时处于当下，何时不在当下。

想象一下持续的完全集中的意识所具备的力量。只有全神贯注时，我们才能直面大自然，并真正地认识她。

这个阶段的游戏给人们带来有趣的挑战，需要他们集中注意

力才能有效地完成。当队员全身心地投入到任务中时,他们会变得更善于观察,更冷静,更善于接受。在心流学习法中,第二阶段的活动创造了一个完美的桥梁,使得活动从活泼、好玩的游戏过渡到随后反思性更强的直接体验的自然活动。

第二阶段游戏的标志是乌鸦,因为乌鸦是一个非常机敏的观察者。你可以通过设计巧妙的方法,让人们专注于自己的一种感官,从而创造出属于自己的乌鸦游戏。

"伪装步道"是适合孩子玩的一个最具代表性的乌鸦游戏。玩"伪装步道"游戏时,你需要在小径上放置一些人造物品,让孩子们数数他们能找出多少。有些物品应该被放置在容易看到的地方,而另一些（如生锈的钉子或衣夹）被放置的时候应该注意让它们与自然环境融为一体。

孩子和成人在走"伪装步道"时通常会格外专注。有一位教师告诉我，有一次她忘记在步道的尽头做标记，结果她的学生们一直走，专注地观察着，直到他们多走出了九十多米远，她才意识到发生了什么。于是她赶紧将他们找了回来！

第二阶段另一个最受欢迎的活动是"声音地图"。玩这个游戏时，给参与者一支铅笔和一张纸。纸的中心有一个"X"，代表参与者在声音地图上的位置。当参与者听到某种自然声音时，就在地图上画出来，仔细记下声音的方向和距离。静静地坐着，聆听附近树木、鸟儿和潺潺溪流发出的舒缓的声音，能让我们平静下来，加深对周围生命的欣赏。

培养专注力的这个阶段不需要持续很长时间，有时候5~15分钟就足够了。

在带领团队时，问自己以下问题是有益的：

如果团队成员疲惫不堪，昏昏欲睡，可以问自己："什么样的唤醒热情的游戏能让他们充满活力、振奋精神？"

如果孩子们过于兴奋，可以问自己："什么样的培养专注的活动能让他们专注并平静下来？"

"我该如何调整心流学习法的活动和阶段，使大家保持新鲜感，全身心地投入呢？"

传统教育主要侧重传授知识，至少同样重要的是——要考虑

学生的能量水平和兴趣程度。学生越是机敏，越是投入，对某件事情越感兴趣，他们在学习这个领域的知识时将会越容易，还能获得积极的学习体验。

心流学习法的前两个阶段，可以让你创造性地适应并调整团队的情绪状态。如果团队累了，你可以用活泼的第一阶段的水獭游戏让他们充满活力；如果他们过于喧闹，你可以用平静的第二阶段的乌鸦活动让他们安静下来。

第二阶段：培养专注

要点：感受力

◎增加注意力和集中力。
◎通过培养专注来深化觉察。
◎正向引导第一阶段营造出的热情。
◎培养观察能力。
◎平静心灵。
◎发展感受力，以更敏锐地体验自然。

第三阶段：直接体验

认识自然的秘诀在于达到忘我的状态，而这来自与自然世界的深刻接触。当我们完全沉浸在自然中时，哪怕只是短暂的沉浸，也会发现周围的一切都变得生机勃勃。第三阶段的所有活动都会让我们沉浸于大自然。

最近的科学研究表明，与大自然的接触会增强我们的活力、敬畏感和联结感。在心流学习法的体验活动中，参与者的生态态度会被自然唤醒。2011年，我曾在德国为林业工作者举办为期两天的工作坊。事后，一位学员告诉我："作为一名林业工作者，我习惯将森林视为一种经济作物。然而，在进行'共享自然'活动时，我意识到草是我的朋友，树是我的朋友，森林里的一切都是我的朋友。对我来说，这是一种看待森林的新方式，它将改变我在这里的工作方式。"

在带领团队进入一个区域之前，我会仔细地观察地形，选择那些能够吸引团队成员直接体验自然

的地方，再从心流学习法的各个阶段挑选出能传达活动主题和体验目标的活动。

有一次，我和30位朋友一起去加利福尼亚州的红杉林国家公园。为了帮助他们与这些参天大树产生"联结"，我用绳索拉出了一条小径，给他们蒙上眼睛，引导他们跟着绳索绕过一棵又一棵树，探索沿路各个迷人的犄角旮旯，他们用手、耳朵和鼻子探索着体验着这些。我将绳索小径安排得很有趣，充满了冒险的迂回曲折。队员们挤过密密麻麻地长在一起的红杉树干，走过潺潺的溪流，在明亮的森林空地进进出出。

最后，他们来到了这条小径最有特色的地方：这里一片漆黑，寂静无声。有人以为他们进入了一个山洞，听不到风声和鸟鸣，脚下的地面踩上去十分坚硬。再往前走，他们就不得不蹲下，然后爬过一个坚硬、光滑的表面。他们沿着绳索一直向前走，进入了未知的世界。有些人开始焦虑不安，但我再三向他们保证他们是安全的，鼓励他们继续前进。他们伸出了双臂，小心翼翼地向前走着。随着通道变得越来越窄，他们感受到周围粗糙的墙壁。有好几次，当队伍中有人意识到自己身在何处时，欢乐的惊呼声打破了寂静。最后，他们沿着绳索穿过一个方形的小洞口，进入耀眼的光亮下。

我们回到小径的起点后，他们摘下眼罩，再次沿着绳子走一遍，看自己都去过哪里。那些还没有猜到的人很开心地发现自己穿越了一棵倒下的空心红杉。他们从树根进入，连走带爬了12米远，最后从树侧面的一个窗口钻了出来。他们被这棵树的巨大身躯所吸引，花了很长时间仔仔细细地观察它。

如果我只是简单地把朋友们带到这棵红杉的旁边，介绍一下它的年龄、大小和自然历史，他们可能会表示出一点点兴趣，也许还会用手略略地摸摸它。然而，在他们亲身体验过穿越这棵红杉躯干的冒险后，他们对它产生了极大的兴趣，并对这棵很久以前就倒在森林空地上的参天古树充满赞叹。

直接体验不一定需要在多么空旷的野地中才能有这样的体验。第三阶段的大多数活动都可以在城市公园、校园和自家后院中进行。有些活动甚至可以在室内运用想象力进行。

第三阶段（直接体验）的标志是一只熊——熊充满好奇心，独来独往，具有能与生命进行交流的理想气质。对许多美洲原住民来说，熊是内省的象征。

熊型活动的一个经典例子是"照相机"活动，它容易进行且能产生戏剧性的效果。两人一组，一人扮演摄影师，一人扮演照相机。摄影师引导照相机（照相机闭着眼睛）

去寻找美丽迷人的风景。摄影师轻拍照相机的肩膀两下，就代表要拍照了，照相机就打开"镜头"（眼睛），持续3~5秒。从闭眼不见到突然看见之间的巨大反差，使"照片"具有震撼的效果。玩过的人经常说，他们多年后还记得"照片"里的情景。

"唤鸟""邂逅一棵树""日落观察"和"神秘动物"等只是众多熊型活动中的一小部分。每项活动都以独特的方式强化参与者的自然体验。虽然"培养专注"活动有时与"直接体验"活动类似，但第三阶段的活动能让我们以更有力的方式沉浸于大自然。

熊型活动，如呼唤鸟儿来到身边（"唤鸟"）、与一棵特别的树邂逅（"邂逅一棵树"）、蒙眼摸绳前进（"蒙眼毛毛虫"）和拍下最佳景色（"照相机"）等，能使我们与自然世界产生亲密互动。要

培养对地球的关怀之心，我们需要拥有深刻、沉浸式的自然体验；否则，我们与自然的关系仍然是抽象的、遥远的，我们的心永远无法被深深地触动。

第三阶段：直接体验

要点：与自然的交流

- 培养更深层的学习力和直觉式的理解力。
- 激发好奇心、同情心和爱。
- 促进自我启示和艺术灵感。
- 唤醒与自然某些部分的持久联系。
- 传递完整感与融合感。

第四阶段：共享感悟

第四阶段的目标是反省个人体验，并与他人分享体验。研究表明，仅仅有体验是不够的，对体验的反思能澄清并强化其意义。通过艺术的方式，如创意写作、讲故事、写诗和绘画，来捕捉和表达个人体验，可以深化个人的自省，促进团队分享。

分享能让个人的感悟浮出水面，并让团队中的每个人都从中受益。第四阶段的功能就像一条大河，将细小的灵感支流汇聚成澎湃的河流，滋养并团结着河流中的所有生命。

分享还能巩固和加强团队理想，营造出振奋人心的氛围，使引导员更轻松地分享鼓舞人心的故事和理想，因为队员此时往往更乐于倾听。第四阶段的活动，如"空中飞鸟"，颂扬了我们对大自然的热爱，营造了一种圆满与和谐的感觉。

海豚是喜欢群居和利他的动物，它们彼此合作，似乎能与其他生物进行有意识的联结。它们完美地展现了这一阶段的特质：分享和利他。

分享活动使每个人收获更多，引导员也能从中得到反馈。你可以在第二阶段和第三阶段的活动中穿插短暂的分享时间。团队成员分享结构的不断变化，可以让分享保持新鲜感和趣味性。例如，可以在一项活动结束后将团队分成三人一组，进行小范围分享，然后在下一项活动结束后进行全员分享。

心流学习法的分享阶段可以彰显参与者的美好品质，有时甚至是隐藏的品质，就像我在带领过的最具挑战性的课程中亲身经

历的那样。那堂课来了30名伦敦市区贫民窟的青少年。有些学生留着荧光色的刺猬发型，还有一些学生的脸颊上穿着安全别针，夹克外套的背面潦草地写着"杀"之类的口号。

那是1981年。在加利福尼亚州北部乡村长大的我，从来没遇见过这样的团队。让我感到惊讶又欣慰的是，这群具有挑战性的青少年热切地参与到了心流学习法的游戏中。活动结束时，孩子们不再强硬、挑衅。他们的叛逆被喜悦的热情、平静的接纳以及彼此的联结感所软化——这些都是心流学习法过程的成果。

课程在孩子们表达对地球的感恩和关怀中结束。他们的老师看到全组同学以如此真诚与相互尊重的方式互动，都被深深感动了。

用一首歌或一个故事来结束心流学习法课程，可以创造活动的完整感，促进团队的团结，唤醒参与者与自然世界的融洽关系。

讲故事的强大功效现在已经被科学证实，正如彼得·布朗·霍夫迈斯特（Peter Brown Hoffmeister）所写的：

> 核磁共振成像扫描证明，故事能将讲故事者和听故事者的大脑联结起来。在讲故事过程中，所有参与者的大脑活动都是同步的……
>
> 当讲故事者大脑的情绪脑区出现活动时，听故事者的相应脑区也会有活动。当讲故事者的额叶皮层亮起来时，所有听故事者的额叶皮层也会亮起来。基本上，听故事者体验故事的神经路径与讲故事者的完全相同。从这种意义上看，讲故事和听故事就是共同的大脑体验。因此，当一个人在听完一个精彩的故事后说，"感觉就像身临其境一样"，那是因为他或她的大脑确实身临其境。[1]

自从人类开始说话以来，讲故事就一直被用来影响思想和行为。现在的科学证明，听故事的人就像亲身经历了真实发生的故事一样。用令人振奋的伟大自然主义者的生命故事作为户外活动的结尾，是一种激发理想和利他精神的绝妙方式。

人们尤其喜欢听关于约翰·缪尔与野生动物邂逅，以及他

---

[1] 摘自彼得·布朗·霍夫迈斯特《让他们被熊吃掉》（*Let Them Be Eaten by Bears*）。

愉快地在野外探险的故事。为了传达缪尔的精神，我写了《约翰·缪尔：我与大自然的一生》(*John Muir: My Life with Nature*)一书，其中包括许多易于分享的故事。

> **第四阶段：共享感悟**
>
> 要点：理想
>
> ◎ 澄清并强化个人体验。
> ◎ 提高学习力。
> ◎ 以饱满的情绪为基础。
> ◎ 促进正向的同伴支持。
> ◎ 培育团队凝聚力。
> ◎ 鼓励理想主义和利他行为。
> ◎ 为引导员提供回馈。

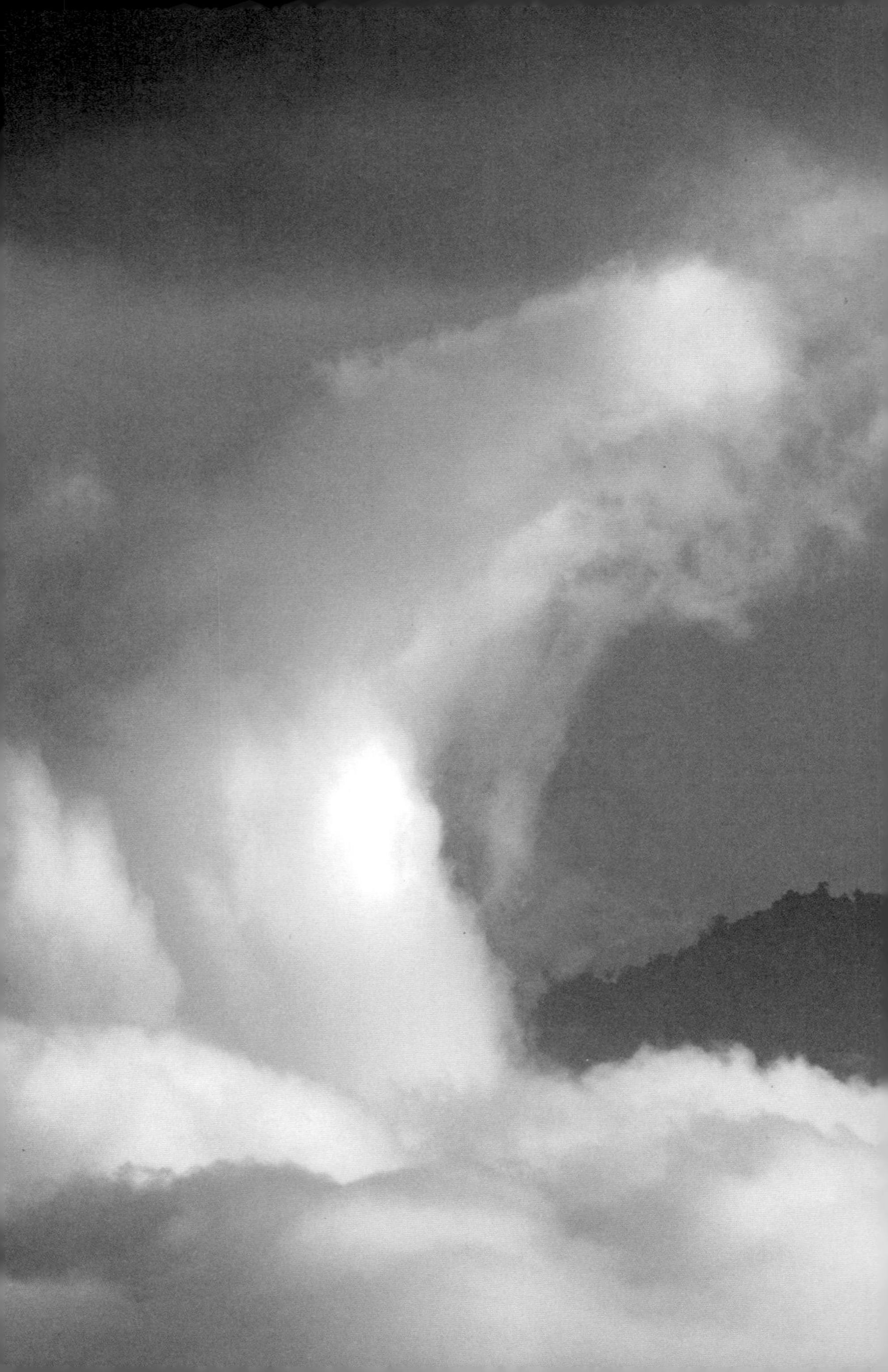

第二部分

自然活动

选择适时适地的活动

因为共享自然活动非常吸引人,能让我们完全地投入自然,所以不同年龄段的队员也可以一起愉快地享受游戏。在旧金山的一次亲子自然活动后,5岁女孩莉莉的父母告诉引导员,他们害羞、胆怯的女儿在新环境中总是不自在。"当我们鼓励莉莉尝试新的体验时,她通常会退缩。但当我们在玩共享自然游戏时,我们惊喜地发现莉莉在带领我们。"

在下面的章节中,共享自然活动依照心流学习法的学习阶段来安排。为了帮助你轻松地找到最适合的游戏,每个游戏都有一个快速参考框来指示这个游戏适合的阶段、主要特点、适合的年

1. 唤醒热情

2. 培养专注

代表活动阶段的动物
活动传递的概念、技巧和品质

- 何时何地进行游戏
- 所需的人数
- 建议的年龄层
- 所需材料

3. 直接体验

4. 共享感悟

龄层、适合的人数、所需材料等。

要找到合适的游戏活动，另一种方法是直接查阅本书附录 B 中的"寻找最适合你的游戏"（包括适合儿童、青少年、成人、室内或雨天，以及与科学和自然史有关的游戏）。

第 4 章

唤醒热情

本章中好玩的游戏将唤醒我们孩子般的热情和对学习的渴望。这些游戏还能帮助团队成员建立起愉悦的友情。

我在加利福尼亚州北部的费瑟河附近长大。在我 10 岁时，为了迎接清晨的太阳，我开始晨跑。我深爱黎明的曙光给大地带来生机——金色的阳光洒满田野和池塘，鸟儿和野兔四处觅食。日出时分，所有生命似乎焕然一新，我感觉自己与万物融为一体，欣喜不已。

共享自然的核心理念之一是让喜悦贯穿整个体验过程。在我们的工作坊

中，有两种喜悦———一种是游戏时的欢声笑语，一种是伴随归属感产生的喜悦。充满热情的游戏能唤醒我们内在的欢乐与生机。

众所周知，儿童热情饱满，精力旺盛。在童年时期，我们的大脑和心灵都处在吸收新信息、理解新事物的理想阶段。创造性的游戏能够激发好奇心和想象力，对传授知识格外有效。

因为这些游戏非常有吸引力，能释放身心，成人和青少年在游戏中能重新焕发活力，再度感受到童年的自由和快乐。

相互认识

相互认识
- 白天/晚上，场地不限
- 7人或以上
- 10岁及以上
- 每人1张学习单、1支铅笔

　　这个生动有趣的开场活动能够帮助队员相互认识，熟悉彼此。队员问同伴一个问题，然后同伴再问这名队员一个问题。为了鼓励更多的互动，引导员可以告诉队员每次只能问一个人一个问题，不要在同一个人身上花太多时间。因为游戏的目标是认识新朋友，队员应该寻找他们不认识的人①。

---

① 相互认识活动最早由克利福德·纳普（Clifford Knapp）在他的书《人性化的环境教育》（Humanizing Environmental Education）中描述。

相互认识问卷

1. 你在大自然中是否有过令人激动或振奋心灵的体验?
2. 有没有一种对你有特别意义的动物或植物?
3. 你最喜欢的自然活动或爱好是什么?
4. 你想从大自然中学到什么?
5. 你曾在户外迷路过吗?
6. 在环境保护或自然史领域,你有特别崇拜的人吗?
7. 如果被困在荒岛上,你希望能带哪三本书?书名分别是_____、_____、_____。
8. 你能背诵一首关于大自然的诗、一首歌或一段话吗?
9. 你在大自然中是否有过自我突破的经验?

指鼻子

"指鼻子"游戏特别适合做探索自然的开场活动。参与者哪怕坐在椅子上,也会充满好奇,高度投入。

"指鼻子"是一个猜谜游戏,从描述许多动物的一般性线索开始,随着游戏的发展,线索变得越来越具体,直到答案水落石出。

玩法: 引导员要告诉参与者,你将读出某种动物的 8 条线索,队员要猜出这种动物是什么。可是,如果有人喊出正确答案,就会破坏其他人玩这个游戏的乐趣。因此,如果你认为自己猜到答案了,就把手指放在鼻尖上,发出无声的信号。引导员要告诉参与者:"这个信号可以让我和其他人明白你知道答案了。"

每条线索都应该是真实的,但为了保持游戏的趣味性,有时有些线索可以带点儿误导性。如果参与者把手指放在鼻子上以后,发现自己猜错了,该如何是好呢?你可以把原来指在鼻尖上的手指,用来挠挠头或摸摸下巴,以此来掩饰自己的错误,假装手指从来没有放在鼻子上!(另一个有效的办法是轻轻咳嗽,然后用手捂住嘴。)参与者喜欢用夸张的方式掩盖自己发出的信号,他们装模作样的表演会增加游戏的趣味性。

引导员要告诉参与者:"当我读线索时,你们可以和旁边的队员小声讨论那可能是什么动物。但不要让大家都听到。即使听了几个线索后仍然不知道答案,也不用担心。这个游戏的设计就是要让大家猜个不停!"

以下是"指鼻子"游戏的一个动物线索示例。

这是大家都知道的一种动物,关于这个动物的8条线索是:
1. 我有一对翅膀,会产卵。
2. 我们中的大多数生活在热带,但我的同类却遍布全球。
3. 我可以向前飞、向后飞、侧身飞,也可以在一个地方盘旋。
4. 我是冷血动物。
5. 我有4个生命阶段:卵、幼虫、蛹和成虫。雄性有毛茸茸的负责听觉的触角,它们可以通过翅膀的声音定位雌性的位置。
6. 我能通过感知你的体温、湿度和排放的二氧化碳找到你。
7. 雄性只以花蜜为食,而雌性则以花蜜和血液为食。
8. 我们能在约23米外闻到人类的气息。我们的叮咬会传播疟疾和许多其他疾病。每次吸完血,雌性能产两百多个卵。

LNRPTHSN

想知道游戏中动物的名称,请根据英文字母表顺序,写出上面字母对应的下一个字母,答案即可揭晓(MOSQUITO,蚊子)。

更多的动物线索示例,参见本书第220~224页附录E。

自然知识
- 白天/晚上,场地不限
- 2人或以上
- 5岁及以上
- 动物线索

野生动物大比拼

"野生动物大比拼"游戏能让每个人快速投入进来。参与者可以学习到动物的特征和习性,并利用提问和判断思维技巧对动物进行分类。

这个唤醒热情的游戏给每位队员带来有趣的挑战,让每个人都能全身心地参与其中。在这个游戏中,每位队员的衣服背后都挂着一张动物图片。通过问"是"或"否",逐渐试探出自己背后的动物是什么。队员不能直接用动物的名称或动物的种类名提问,比如,"我是松鼠吗?"或"我是哺乳动物吗?"问题应该基于动物的生理特征,比如"我是恒温动物吗?"或"我有毛皮吗?"

根据霍华德·加德纳(Howard Gardner)的多元智能理论,智力一共分为8种,其中一种是"自然观察"智能。自然观察智能能够赋予一个人辨识并为自然形态分类的能力,如植物、动物或矿物质。

当孩子们第一次尝试猜动物时,他们通常不知道如何通过提问和推理得出答案。这个游戏教他们如何利用提问缩小范围,并对动物进行分类。他们问"我是恒温动物吗?",如果得到的回答是"是",那么他们就知道自己是哺乳动物或鸟类。如果接下来他们发现这种动物不会飞,他们就知道自己是哺乳动物,或者是像鸵鸟一样不会飞的鸟。紧接着,他们可能会问是否有4条腿。通过这种简单、有趣的方式，孩子们将越来越擅长动物分类。

"野生动物大比拼"游戏也是一项团队活动，可以促进队员们热切地相互鼓励。大多数队员觉得要等所有人都猜出答案之后，这个游戏才算结束。曾经很多次，我看到六七个人围着最后一位没有猜出答案的队员，建议他可以问哪些问题。

玩法： 玩这个游戏时，可以直接在卡片上写动物的名称，但使用动物图片会更有趣。自然组织推出的明信片，通常在卡片背面标有动物的相关描述，这让"野生动物大比拼"的参与队员可以通过明信片确认动物的名称和特征。

首先，引导员用衣夹在每个队员的背部夹一张动物图片。告诉大家，他们提出的问题可以涉及动物的生理特征，但不能直接问动物的名称或动物的种类。鼓励队员向另一位队员问一两个问题，然后再让对方问自己一两个问题作为回报。之后，两人可以继续找其他队员提问。

队员可以用"是""不是"或者"我不知道"回答问题。鼓励队员在不确定答案时，回答"我不知道"。错误的信息只会让想知道答案的队员感到困惑。

正确猜出动物名称的队员，可以将动物图片从背后移到胸前。

游戏的目标是让每个队员都能成功猜出答案，所以对于小孩子来说，正确答案可能只是"小鸟"，而对于有经验的观鸟者来说，正确答案可能是鸟的种名或亚种。

动物生态学 / 分类
- 白天 / 晚上，场地不限
- 4人或以上
- 7岁及以上
- 动物卡片、衣夹

第 4 章　唤醒热情 | 055

搭建一棵树

20世纪80年代，我发明了"搭建一棵树"游戏，它可以帮助人们了解树木是如何工作的。孩子们非常喜欢这个游戏，因为它可以毫不费力、直观动态地传授树木知识。除了科学的一面，"搭建一棵树"还能唤起参与者发自内心的欢乐，增进大家的友爱。

玩法："搭建一棵树"游戏最少需要 20 人。据我所知，参与人数最多的一次是洛杉矶"树人"（Tree People）引导的 700 人团队。演员格利高里·派克（Gregory Peck）扮演了其中的心材。

引导员需要告诉团队成员，大家将扮演一棵树的不同部分。你将分步骤带领大家搭建一棵树的不同部位；在建造过程中，你会讲解树各个部位的作用和功能。下面的说明适用于 24 个人的团队。

心　材

首先，从团队中选出一位高个子队员。

引导员陈述：

"丹尼尔是树的内核，也就是心材。他为树干提供支撑。丹尼尔活了很久，虽然现在已经死了，但仍被保存得很好。现在他所有的小导管都被树脂堵塞了。"

告诉丹尼尔："挺拔地站着，支撑着这棵树。"

树木知识：

心材是老去的边材（或称为木质部），它不再向树木输送水分和矿物质。树干的大部分是心材。

主　根

接下来，请一名队员坐在心材的底部，面部朝外。

引导员陈述：

"主根是一条长长的根，它把树木固定在土壤中。莎莉，我想让你扮演主根，把自己深埋在地下。大多数树没有深深的主根，但这棵树是有的。"

"当狂风呼啸时，我希望你能紧紧抓住大地，以防大树倒下。主根还负责吸收土壤深处的水分。"

树木知识：

大多数树木的根系较浅，但分布广泛。当树木有主根时，向下生长的主根通常不到 2 米，但有些树木的主根要长得多。树根向下生长的程度，取决于土壤的密度、水、矿物质和氧气含量。

侧　根

选择 3 个长头发的人，让她们仰面躺下，脚朝心材，身体向树的外侧伸出。

引导员陈述：

"你们叫作侧根，是一种又长又浅的根。一棵树有成百上千条侧根。它们就像树枝般往外生长，不过是长在地下。侧根帮助树木保持直立向上的姿态。"

"海蒂、安娜和克里斯汀，请把你们的头发拨过头顶，并散开。"这时，引导员跪在其中一个侧根旁边，帮助她把头发平铺在地上，象征树的根毛。

"你的根部末端会延伸，不断地寻找水分。根部尖端有数百万根细小的根毛，负责吸收水分、溶解矿物质。"

"我要请侧根和主根练习吸水。当我说'吸水！'时，所有的根都发出'咝咝'声（用舌头和嘴发出吸水的声音）。好吧，让我听听你们的吸水声！"

树木知识：

树木 90% 以上的树根活在土壤下约 0.4~0.6 米处。侧根分布的范围通常超过树叶生长或树冠滴水线的范围；树木在地下生长的部分几乎和地上的部分一样多。

边　材

请 3 人手拉手围住心材。提醒队员避免踩到树根！

引导员陈述：

"你们是树的一部分，叫作边材或木质部。你们有细小的导管，可以把水和矿物质从树根输送到树叶。"

"水被称为社会性分子，因为它们总是相互黏附。当水分子通过叶子表面的气孔蒸发时，它们会吸引其他水分子一起向上。这样，长长的水流就通过边材向上传输。在炎热的天气里，一棵大树可以传导约 378.5 升的水。在红橡树中，水的传输速度约每小时

28米。"

"树根从土壤中吸水后,边材的工作就是把水输送到树上去。当我说'把水传上去!',你们就举高手臂,喊'喂——'。"

"我们来练习一下:首先,主根和侧根吸水,然后当我对边材说'向上送水分!'时,你们就举起手臂,喊'喂——'。"

树木知识:

在炎热晴朗的日子里,如果水分蒸发(蒸腾)的速度快于根系吸水的速度。为了防止水分流失,树木会在正午暂时关闭气孔,休息几个小时。

形成层和韧皮层

选择6名队员,让他们面朝内,手牵手,围绕边材形成一个圆圈。

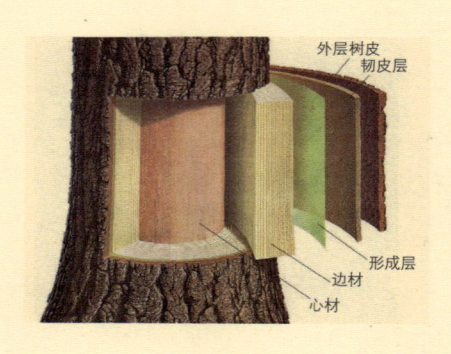

引导员陈述:

"这个圆圈的队员代表树的两个部分:形成层和韧皮层。圆圈的内侧是薄薄的形成层,是树的生长部位。形成层存在于树干中,也存在于根部和树枝中。在生长季节,形成层会产生新的细胞,使树变粗变壮。"

"树木不像人的头发一样从根部向上生长。如果用钉子在树上做记号,你会发现,年复一年,这个记号仍然停留在同一高度。一棵树从中间向外生长,也从树根和树枝的顶端向外生长。"

"韧皮层在形成层的外侧,位于形成层和外皮之间。韧皮层负责将养分从树叶向下输送到树的其他部位。"

"让我们把双手变成树叶吧。"引导员让队员向上、向外伸展手臂,使手臂与旁边队员的手臂在手腕处交叉,让双手可以像树叶般自由摆动。

"当我说'制造养分',你们就举起手臂,摆动你们的树叶,这代表你们在吸收阳光、制造养分。当我说'向下运养分',你们就发出长长的'唔'的声音。在发出'唔——'声时,请你们屈膝蹲下,将手臂垂向地面。"

"我们来练习两遍。"

森林生态学 / 团队建设
- 白天 / 晚上,场地不限
- 20人或以上
- 5岁及以上
- 无需其他物料

树木知识：

春天，树叶制造养分用于新的生长；夏天，多余的养分储存在树根中，以备秋冬之需。形成层可以让树干、树枝和树根长得更粗壮。韧皮层最终会变成树皮，边材最终会变成心材。在温带地区，树木的不同部位在一年中的不同时间生长。通常情况下，树在春天长叶子，在夏天长树干，在秋冬长树根。在潮湿的热带雨林中，树木的所有部位全年都在持续生长。

集体演练

把树的4个部位的声音和动作，按照以下顺序，集体演练两遍。

- 引导员："树根，吸水。"
- 树根："咝——咝——"

- 引导员："树叶，制造养分。"
- 韧皮层：像树叶一般摆动双手。
- 引导员："边材，向上送水分。"
- 边材：举起双臂，同时大喊"喂——"。
- 引导员："韧皮层，向下运养分。"
- 韧皮层：蹲下，双臂垂向地面，发出"唔——"的声音。

树　皮

引导员请其余队员在树的外侧围成一圈，大家都面向外面。

引导员陈述：

"你们是树皮。厚厚的外皮保护树木免受昆虫、疾病、极端温度和火灾的伤害。"

"为了保护树木免受危险，请举起你们的手臂，像美式足球防守队员一样，双肘伸出，双拳紧挨着胸膛。（停顿）你们能听到一种高频的叫声吗？就在那边树林。（停顿）那是一种会钻树木的象鼻甲虫的声音。它们又大又凶猛，总是饥肠辘辘。我要去设法阻止大甲虫来啃食树木，但如果我失败了，那就要靠树皮来保护树木了。"

引导员跑到一棵大树后面躲起来。他找来两根树枝当触角，装扮成一只非常饥饿的大甲虫再度现身。他面目狰狞，急切地飞向大树。这只大甲虫绕着大树快速奔走，试图从不同位置穿透树皮的保护层。扮演树皮的队员要想方设法抵挡甲虫的进攻。

与此同时，引导员按照下面的顺序喊出他的指令，引导树的各个部分做出动作、发出声音。整个过程重复3~4次。

第一轮：

- "心材，站得挺拔又强壮！"
- "树皮，坚强守护！"
- "树根，吸水！"
- "树叶，制造养分！"
- "边材，向上送水分！"
- "韧皮层，向下运养分！"

第一轮结束后，引导员继续喊口令，但不再说出树的各个部位的名称。

游戏完成后，请所有队员为自己热烈鼓掌，祝贺大家集体扮演了一棵了不起的大树。最后，请大家把扮演树根的队员扶起来！

自然过程

> 了解自然的运作方式
> · 白天/晚上，场地不限
> · 12人或以上
> · 7岁及以上
> · 无需其他物料

在这个活动中，队员将扮演某种自然现象，如蝴蝶的生命周期、季节变化、冰川，甚至太阳系。通过"自然过程"游戏，教师可帮助学生通过体验式学习复习课程中已教过的原理。

记得有一次，在阿拉斯加海滩上，一个小组选择了演绎海洋潮汐的自然过程。队员们手拉着手，围成了新月的形状。从新月开始，队员们慢慢向外扩展，逐渐成圆，模拟满月。随后他们向后倾斜，转过身来看着观众，就像一轮满月一样，散发着皎洁的光芒。

然后，大家迅速排成一行，沿着海滩走，模拟涨潮。一名队员蹲在波浪起伏的"波浪"前面，就像一只藤壶，让上涨的潮水

彩虹

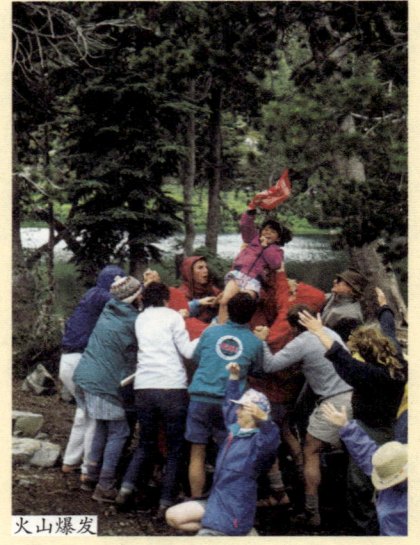

从它身上淹过。这时,原本处于休眠状态的滤食性藤壶苏醒了,伸展并挥舞着它的网状觅食足(或称"藤足")。之后,当潮水退去时——模拟的队员们倒退着朝大海走去——藤壶被留在无水干燥的高处,收回了藤足,再度回到休眠状态。

进行一场"自然过程"游戏需要 12~18 名参与者。人数少于 12 人,人手可能不足以扮演自然现象的全过程。人数超过 20 人,有些人可能没有扮演机会。你可以将大团队分成若干小组来玩这个游戏。让各小组选择一个自然现象,或者指定一个你想让小组完成的自然现象。

有些团队,尤其是儿童,可能需要一位见多识广的人来帮助他们创造自己的自然现象过程。即使是成人团队,也需要确保每个小组中至少有一位具备丰富自然知识的人,他能够解释自然现象历程的原理,这样整个小组才能想出如何展现他们选择的自然现象。

猫头鹰与乌鸦

了解自然的运作方式
- 白天，空旷的场地
- 6人或以上
- 5岁及以上
- 绳子、2条头巾

"猫头鹰与乌鸦"游戏是复习课堂所学信息的绝佳游戏。游戏时，将团队成员分成人数相等的两队，即"猫头鹰队"和"乌鸦队"。在一块空地上铺一条绳子，让两队面对面站着，各自排成一列，每队离绳子大约 0.6 米远。在每队后方约 3.3 米处的地上放一条头巾，代表各队的大本营。

当引导员说出某句有关自然的陈述时，如果陈述是正确的，猫头鹰就追乌鸦；如果是陈述是错误的，乌鸦就追猫头鹰。如果一名队员在到达大本营之前被另一队成员拍到了，他就得加入对面的队伍。

第 4 章 唤醒热情

在这个游戏中，会出现一些欢乐的混乱场面，比如队员们忘记了该往哪边跑，或者对引导员的陈述感到非常困惑，以至于有时一半队员往这边跑，另一半队员往那边跑。

为了尽量减少混乱，让活动尽可能清晰，可以用蓝色头巾和红色头巾分别标记两个大本营——蓝色的放在乌鸦队的后面，红色的放在猫头鹰队的后面。告诉队员们蓝色头巾代表"正确的蓝"。当引导员的陈述为正确的时，猫头鹰追乌鸦（所有队员都跑向蓝色头巾）。当陈述为错误的时，乌鸦追猫头鹰（所有队员都跑向红色头巾）。你还可以利用自然地景提醒参与者往哪个方向跑。例如，森林方向代表陈述是正确的，草地方向代表陈述是错误的。

确保你说出的陈述是清晰明确的，且与参与者的认知水平相符。例如，如果你的陈述是"太阳从东方升起"，参与者可能不能确定你的意思是从地球上观察，一天中太阳最先出现在东方的天

空（陈述的是正确的自然现象），还是因为太阳其实一直在那里，并不存在"升起"或"落下"，只是地球的自转使太阳看起来像是升起来的，所以"太阳从东方升起"反而是错误的。最佳的陈述都是简单清晰的，例如，"鸟类有牙齿"，或是"昆虫有6条腿和3段身体"。

在开始之前，先做一些陈述练习是很有帮助的。练习时，让队员指出他们要跑的方向，而不用真的开跑。当每个人都能轻松地判断陈述的"对""错"以及要跑的方向时，游戏就可以开始了！

蝙蝠和飞蛾

听觉感知 / 回声定位
- 白天，空旷的场地
- 8 人或以上
- 5 岁及以上
- 眼罩

孩子们都喜欢"蝙蝠和飞蛾"游戏。玩过之后，他们总会精力充沛，热切地期盼着下一个游戏。

蝙蝠利用回声来定位，而不是用它们微弱的视力来追踪飞行中的昆虫。这个游戏通过亲身体验的方式教导回声定位的原理、动物的适应性，以及捕食者和猎物之间的关系，并培养更深入的倾听和专注力。

引导员先让孩子们围成一个直径为 4~6 米的圆圈，招募 3~4 个志愿者当飞蛾，一名成年引导员扮演蝙蝠的角色。为了让每个人都能在游戏中保持兴奋，引导员要找一名即使蒙着眼睛也能行走自如的蝙蝠——他能够自信地在圆圈内"飞行"以追踪猎物。

玩法：游戏开始时，让飞蛾和蒙着眼睛的蝙蝠站在圆圈内。蝙蝠使用回声来探测他们的位置，必须抓到每只飞蛾。为了模仿蝙蝠发出的声呐信号，蝙蝠要喊"蝙蝠——蝙蝠——蝙蝠"。面对蝙蝠的每一次呼叫，飞蛾必须立即回应一声"飞蛾"。飞蛾可以在圈里随便跑动。渐渐地，蝙蝠能靠近并捕捉到每一只飞蛾。等到蝙蝠抓到所有的飞蛾时，这一轮游戏就结束了。

游戏进行时，其他孩子站成一圈，把蝙蝠和飞蛾挡在圆圈内。如果蝙蝠费了很大力气也抓不到飞蛾（这个游戏对扮演蝙蝠的孩子来说很有挑战性），引导员可以示意围成圈的每个人都向内走一步，将圆圈缩小一些。如果蝙蝠还是抓不到飞蛾，圆圈可能需要再次缩小。蝙蝠还可以加快使用回声定位的频率，例如喊出"蝙蝠！蝙蝠！蝙蝠！"而不是"蝙蝠——蝙蝠——蝙蝠"（野生蝙蝠在接近猎物时的确会加快发出声呐的频率）。

围成圆圈的孩子在观察蝙蝠捕食飞蛾时，通常会变得兴奋起来，引导员需要提醒他们保持安静，这样蝙蝠才能听到飞蛾的声音和脚步声。

弱肉强食

适应力 / 食物链 / 捕食行为
- 白天，空旷的场地
- 10 人或以上
- 8 岁及以上
- 铃铛、眼罩

  "弱肉强食"游戏具有动作片应有的所有元素：戏剧性的悬念和九死一生的逃脱。它展示了食物链和动物的行为，有助于培养参与者的专注力和自我控制力。

  在一片开阔的空地上，让大家围成一个直径约 6 米的圆圈。请队员说出一种捕食者和它的 3~4 种猎物的名字，并请几位志愿者队员扮演这些动物。给每个角色系上铃铛，请他们站在圈内。捕食者的铃铛声需要与众不同——绵羊或山羊的铃铛就很好。如果你有好几种铃铛，可以给每种猎物使用不同的铃铛。（熊铃[①]就适

[①] 熊铃，指的是加拿大 Silverfoot Activewear 有限公司生产的徒步者熊铃（Hiker Bear Bells）。

合系在猎物身上。）用尼龙绳或皮绳系上铃铛，较大的铃铛需要系在队员的大腿上，较小的铃铛可以系在脚踝或鞋带上。

蒙上捕食者和猎物们的眼睛，让他们仔细听每只动物的铃铛声，尤其是捕食者的。捕食者的目的是追踪并抓到猎物，而猎物的目的是避免被捕食者抓到。猎物可以使用任何智慧策略，可以来回移动，也可以静止不动。

围成圆圈的队员们充当边界管理员，对要跨出圆圈的动物低声说"圆圈"。（猎物可以紧靠圆圈的边界内侧。）为了帮助捕食者定位猎物的声音，引导员需要请围成圈的队员保持安静。与"蝙蝠和飞蛾"游戏一样，如果捕食者在捕捉猎物时遇到困难，可以请求围成圆圈的队员向内跨一大步，以缩小圆圈。要使游戏一直都保持趣味性，引导员需要挑选一位自信、沉着、有活力的人扮演捕食者。

第 4 章 唤醒热情 | 073

生命金字塔

> 食物链 / 生物放大效应
> - 白天，空旷的场地
> - 6人或以上
> - 7岁及以上
> - 铅笔、纸，以及植物和动物卡片

　　生命金字塔以生动有趣、身临其境的体验方式展示食物链和其他相关生态概念。先准备一些卡片，在卡片上写上植物、食草动物、初级食肉动物和一种食物链顶端捕食者的名字；为每张卡片加上食物层级编号（植物，I；食草动物，II；初级食肉动物，III；顶级食肉动物，IV）。

　　由于植物和动物会形成一个相互关联的群落，引导员要从当地的栖息地或生态系统中选择探求的主题，如淡水、草原或海洋。例如，27名队员组成的团队可选择15种植物、7种食草动物、4种初级食肉动物和1种顶级食肉动物。（在创建你们自己的生命金字塔清单前，本游戏附录的工具栏有27种有趣的植物和动物，可供你们使用。）

　　开始时，给每位队员发一张卡片，然后请卡片上有"I"的队员上前一步，面向团队其他成员排成一排，并逐一进行自我介绍。接下来，你可以问："你们都是植物吗？"他们会回答："是的。"这时，请植物们面朝你排成一排，屈膝蹲下。

　　然后，请卡片上写有"II"的人走上前，并自我介绍。"你们都是食草动物吗？""是的。"请他们在植物的后面站成一排。

　　你向卡片上标记为"III"的队友提问："初级食肉动物？""是的。""好，请你们站在食草动物的后面。"

现在只剩下一个人了。询问是否有人有"IV"的卡片。当这个人站出来进行自我介绍时,告诉他,他是食物链顶端的食肉动物,并让他站在第三排的后面。

向队员们解释清楚,食物链的每个层级都被称为生态系统摄食级。当生命在食物链中从一个摄食层级转移到下一个摄食层级时,下个摄食层级只获取上一个摄食层级 10% 的能量。也就是说,450 千克的植物养活 45 千克的食草动物,这 45 千克的食草动物又养活 4.5 千克的初级食肉动物,这 4.5 千克的初级食肉动物最终养活 0.45 千克的顶级食肉动物。

引导员向蹲在地上的植物们提问:"如果我们要建一个人体金字塔来代表食物链,你们能支撑起你们身后的所有动物吗?""不行!不行!不行!""好吧,我们今天就不建金字塔,所以你们可以放松啦!"

同时，引导员还要向队员说明，你将使用摄食层级来展示：随着食物链层级的提升，杀虫剂在生物体内是如何越来越集中的。杀虫剂的毒素会残留在任何暴露的生物组织中。当该生物被食物链更上层的生物吃掉时，杀虫剂也会被吸收。位于食物链的层级越高，生物体内的杀虫剂浓度就会越高。

现在，引导员对第一排的植物们说："你们这些植物看起来状态不太好。我看到昆虫一直在吃你们。为了保护你们，我要给你们喷洒杀虫剂。别担心，不会疼的！这条头巾代表杀虫剂中的某种毒药成分。"然后，引导员在第一排每种植物的头上铺上头巾。

现在让第二排食草动物的队员从植物队员的头上摘下头巾，戴在自己的头上，就好像他们刚刚吃了植物一样。接着，让初级食肉动物队员（第三排）从食草动物队员（第二排）那里取下头巾，戴在自己的头上。最后，顶端食肉动物收集所有的头巾，全部都堆在自己的头上。

引导员告诉全体队员："金雕吃了大量的各种食草动物和食肉

动物，因此它累积了它们体内所有的杀虫剂。金雕，你因杀虫剂中毒而毙命，现在能请你跪倒在地吗？"

引导员向队员们解释，处于食物链中越高阶生物的体内有毒化学物质浓度越高的这一现象，在科学上的学名是"生物放大效应"。目前，DDT和其他杀虫剂的禁用，使得游隼（sǔn）和褐鹈鹕（tí hú）等顶级食肉动物的数量增加。

最后，你可以提出这样一个问题作为活动的收尾："人类的食物，大多在食物链中的哪个层级？"

可用于"生命金字塔"游戏的有趣的植物和动物名称

I 植物

- 草原玫瑰
- 含羞草
- 北方仕女蕨
- 木贼
- 荷包牡丹
- 光叶山核桃
- 糖松
- 粉蝶花
- 猴面花
- 山茱萸
- 白头翁柱
- 毒葛
- 弗吉尼亚春美草
- 黑心金光菊
- 紫云英

II 食草动物

- 潜叶虫
- 亮花甲虫
- 北美星鸦
- 灰足林鼠
- 八斑蜡蝉
- 黄腹旱獭
- 右旋田螺

III 初级食肉动物

- 毛尾鼹鼠
- 猪鼻蛇
- 短尾黄鼠狼
- 红腹啄木鸟

IV 顶级食肉动物

- 金雕

雪橇犬

> **合作和领导力**
> - 白天/晚上，场地不限
> - 8人（可再加上观众）
> - 13岁及以上
> - 绳子（约5米）、冬帽、围巾、椅子（带脚轮）

"雪橇犬"游戏是向成人和青少年展示领导力和合作原则的绝佳活动。

在雪乡，雪橇犬以其善于奔跑和拉重物而闻名遐迩。然而和人类一样，并非所有的雪橇犬都是一样的。雪橇犬团队成功的秘诀在于充分利用每只雪橇犬的优势。有些犬很强壮，但不太听话。有些犬很听话，但缺乏自信。

那些不听话但很强壮的犬会被安排在靠近雪橇最近的位置，在那里它们可以很好地完成艰苦的工作，并跟随着其他犬前进。

在一支犬队中，强壮的边犬的前面是团队犬，它们最擅长跟随其他犬，并为拉动雪橇提供"马力"。

有些犬则愿意承受心智挑战，成为领头犬。领头犬要听从和服从车夫的命令，并能在必要时立即做出决

第4章 唤醒热情 | 079

定。它必须既聪明又强壮，才能保持队伍快速前进。

但是，如果没有转向犬的帮助，领头犬就无法带动全体队伍正确转向。转向犬紧跟在领头犬的后面，帮助领头犬保持快速的节奏，并在必要时帮助领头犬转弯。

成功团队的另一个重要因素是每条犬都要全力投入。偶尔会有一只犬和队伍一起跑，却没有承担任何重量，那么它松弛的分拖绳（就是把它与主牵引绳绑在一起的那条绳）会让它露出马脚。

雪橇队与人类团队的相似之处是显而易见的。在任何一个团队活动中，各个角色都必须有人执行。每个角色对于企业的成功都很重要。每个人的长处都应得到尊重；领导者应该将员工安排在他们能发挥最大作用、做出最大贡献的地方。目标是每个人都能最大限度地发挥自己的优势，因此承担住自己的全部职责。不是

每个人都能够或想要成为领导者，但每个人都有不可或缺的能力，可以为整个团队贡献力量。

玩法： 将一根结实的约 5 米长的绳子绑在带脚轮的办公椅的椅背上。用办公椅当雪橇，绳子就是牵引绳。（你可以在每条"犬"的绳索上打个绳圈，这样拉起来更轻松一些。）选一个人做雪橇的车夫，让他跪在椅子上，面向椅子靠背和牵引绳。车夫名叫皮埃尔。让皮埃尔戴上冬季围巾和帽子。

引导员请两名队员扮演强壮的边犬，把他们安排在雪橇的正前面，绳子两边各站一人。强壮的边犬精力充沛，但不善于听从指挥，名字分别是洛奇和黛西。

再选两名队员扮演团队犬，将他们安排在强壮的边犬前面。这些团队犬是优秀的追随者，为雪橇队提供马力，名字分别是莫莉和巴迪。

接下来，选择两名队员扮演转向犬。他们帮助团队保持快速前进，并协助领头犬转向。转向犬位于团队犬的前面，名字分别是公主和公爵。

最后，引导员要选一名队员扮演领头犬。领头犬聪明、听话、服从指挥，并能做出正确决定。领头犬的名字叫米茜，不但跑得很快，还能将牵引绳拉长、拉开，使其他犬的分拖绳不会相互缠绕。

现在，引导员已介绍完团队角色，请团队成员们问问自己："如果我是一条雪橇犬，根据我的力量和性格，我适合在哪个位置发挥作用呢？""转向犬能使团队保持前进速度、协助雪橇犬转向，我是否也能够积极支持我的团队目标？"

请雪橇犬拉着车夫皮埃尔在房间或人行道上走一圈，然后结束活动。

雪橇队成员

车　　夫：皮埃尔
边　　犬：洛奇和黛西
团队犬：莫莉和巴迪
转向犬：公主和公爵
领头犬：米茜

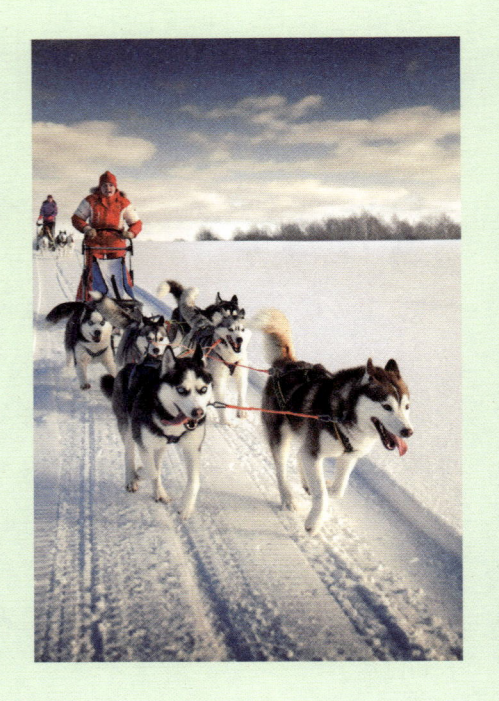

动物肢体扮演

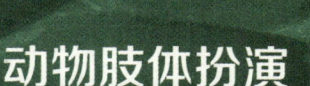

动物特征、运动和行为
- 白天/晚上，场地不限
- 每组 3~6 人
- 5 岁及以上
- 无需其他物料

"动物肢体扮演"游戏能激发团队的创造力，无论是儿童团队，还是家庭团队，都非常适合。

将团队成员分成四五人一组。要求每个小组选择一种有趣的或最喜欢的动物来扮演。各小组确定好后，引导员告诉各小组，每个人都需要扮演小组所选动物的某个部位，如头部、身体和四肢。

让各小组各自分开，创造如何扮演他们选定的动物的方法，练习动物的动作和行为，好让观众能够认出他们扮演的动物是什么。鼓励各小组要尽量扮演出动物的动作和行为，而不是依靠它独特的叫声。给每组 5~10 分钟的时间来练习他们的表演。

如何组成动物的身体部位呢？请小组成员分别扮演腿或翅膀，一个人代表一条腿脚或一只翅膀，其他人可以扮演尾巴。扮演袋鼠的，可以在育儿袋里装一个小孩。扮演雄鹿的，队员可以用手和木棍扮演雄鹿头上的鹿角。扮演红头啄木鸟的，红色毛衣就可以当成红头啄木鸟的头部了。

　　所有小组准备就绪后，引导员可以让他们分别上台展示自己扮演的动物。一定要提醒观众，只有等到该组的表演完全结束之后，才能大声喊出自己的猜测。

动物线索游戏

"动物线索游戏"活动让学习变得有趣、有创意和有吸引力,因而能愉快地抓住团队的注意力。在找寻有趣的动物知识和特征的同时,参与者之间很快会建立起友谊。

首先,创建你的动物线索卡片。从湿地或草原等特定生态系统中挑选5种动物,这些动物应具有不同的特征。为每种动物创建6条提示线索,总共有30条线索。

以下是一种动物线索的示例。你能猜出它是什么吗?(答案见下一页的底部。)

- 我最远可以听到距离56千米的我的同类的声音,并与它们对话。
- 我通过头顶上的两个孔呼吸。
- 在我还是婴儿时,我就有7吨重。
- 我的身体有一层非常厚的脂肪。
- 我每天要吃3吨磷虾。
- 我是迄今为止地球上最大的生物。

动物特征 / 分类
- 白天 / 晚上,场地不限
- 5~30人
- 9岁及以上
- 动物线索卡

你可以使用"共享自然线上资源"中的海洋动物线索,也可以创建自己的线索。你需要30张小卡片。在每张卡片上写一条线索。如果参与者超过 30 人，可以引入更多的动物。

玩法： 每位队员都会得到一两张动物线索卡片。团队成员需要齐心协力找出 5 种动物，并收集每种动物特有的 6 条线索。

游戏开始后，队员立即开始分享他们自己的线索卡，并喊出他们认为线索卡上描述的动物的名称。例如，一名队员的卡片上可能写着："我是温血动物，有一条长尾巴和 4 只脚。"这名队员想："也许是一只松鼠。"于是他叫道："松鼠！松鼠！"没有人喊"松鼠"，也没有人回应他的呼唤。不过，有人在喊："水獭！"这名队员注意到其他几名队员正朝着"水獭"的方向走去。他再次查看了他的线索，意识到他手里卡片上的动物可能是水獭，于是他加入了"水獭"小组，试图收集所有的水獭线索。

引导员在团队中走动，并在需要时提供帮助，但大多数情况下还是让队员自己解决问题。对于还不太会阅读或对动物不熟悉的孩子，可以提供最简单的线索。

（上一页动物线索游戏的答案：鲸或蓝鲸）

当一个小组的成员认为他们已经收集完某种动物的 6 条线索后，引导员可以发给他们一张关于该动物线索的列表，以帮助他们再次检查他们的答案。在确定所有的动物都被识别出来，所有的动物线索卡都正确归类之后，让每组成员大声读出他们觉得最有趣的两条线索。

自制"动物线索游戏"卡片的技巧

- 重要的是，选择的动物要有自己的特点，使它们有别于你名单上的其他动物。
- 例如，人们不会把熊和蛇的线索混淆，但熊和浣熊的线索对孩子们来说就很难区分了。选择特征截然不同的动物也会让你更容易写出线索。
- 对于学龄前儿童，可以把"动物线索游戏"改编成动物照片或图画的拼图游戏。对于每一种动物，可以剪出三四块拼图。例如，根据鸭子的照片，剪出的拼图卡片可以分别显示鸭子的脚蹼、头、喙和身体。
- 关于"动物线索游戏"，更平静、更全面的玩法，是将 30 张线索卡提供给四五人一组的小团队。参与者齐心协力寻找到 5 种动物及其全部正确线索。这种方式可以让参与者专注地阅读、讨论所有的 30 条线索。
- 为了让参与者能够核对答案，可提供动物的照片（正面向下）和一张线索列表。

动物线索接力

"动物线索接力"与"动物线索游戏"类似,但"接力"部分能让参与者产生巨大的兴奋感,并且是以一种有序、可控的方式。由于这个游戏能点燃人们的热情、促进彼此的合作,因而它是开展一天的活动、午餐后,或者傍晚需要补充能量时的最佳选择。玩过这个游戏后,整个团队活力满满,对接下来的活动充满期待。

这个活跃版的"动物线索游戏"也是使用30张卡片。不过,在这个版本中,参与者只需找到5种不同的动物,而无需收集或记住每种动物的6条线索。

把参与者分成三四人一组,每组配备一支铅笔和记事本。(为了增加趣味性,每组可以为自己选择一个动物名称。游戏开始前,引导员环绕一圈,让每组轮流喊出自己动物的名称,当作每组的自我介绍。)

将所有30张线索卡正面朝上地放在场地中心的一个圆圈里。让各组分散开来,每个组距离线索中心圈约3米。

游戏开始后,每组派一名选手到圆圈中心拿一张线索卡(自己不看),将其带回本队。所有队员一起阅读线索。如果哪名队员认为自己认识这种动物,就在记事本上写下它的名字。

然后,另一名队员跑到圆圈中心将线索卡交还,并再次拿到一张新的线索卡。

在游戏过程中，各组要尽可能多地阅读线索卡，以便找出所有 5 种动物。当某个小组确信他们知道所有 5 种动物时，他们就可以把写下的动物名单交给引导员。

如果想让游戏的节奏更快速、流畅，我有以下建议：

- 活动团队分组后，如果小组数少于 8 组，每名队员每次可带回 2 张卡片，而不是 1 张。
- 小组收集到一些线索后，队员在把每张新的线索卡带回自己的小组之前，都要快速浏览一下，以确保小组未读过这张线索卡。

"动物线索接力"游戏也非常适合家庭，即使孩子们不识字也没有关系。年幼的孩子们兴致勃勃地奔跑，取回线索卡，大人们也乐意让他们这样做。当一个小男孩拿着线索卡回来时，他会专心地听妈妈大声读出线索，并迫不及待地做出自己的猜测。

诺亚方舟

动物的活动和行为
- 白天／晚上，场地不限
- 6人或以上
- 5岁及以上
- 动物清单

想象现在是中午过后，大家精神萎靡，兴趣正在减弱。"诺亚方舟"游戏可以扭转这一局面。这个快速而简单的游戏通过欢快的方式能唤醒队员们低落的精神。充满活力和引人入胜的游戏使大家从短暂的情绪和不适中解脱出来。

在这个游戏中，队员被分配到一种动物的名字，然后被要求做出该动物的动作、行为和声音，以吸引另一个同类。例如，一个扮演企鹅的队员，要把手臂紧靠两侧，发出"啊—啊—啊"的声音，摇摇摆摆地走路，在团队中寻找另一只企鹅。

当队员被告知要扮演他们被分配的动物时，起初或多或少会有些不好意思，但是，看到周围的队员也处于相同情境下，也就愉快地融入游戏中了。

玩法：事先列出一份动物清单，这些动物都应特征鲜明、有趣，是大家熟悉的。同时给清单上的动物编号。

引导员让大家围成一个大圈。清点队员人数，然后将总人数对半分，以确定需要多少对动物。如果人数是奇数，则可以指定三名队员扮演其中一种动物。

引导员带着编好号的动物清单，围着圆圈绕圈，偷偷地向每名队员展示他或她需要表演的动物。例如，如果有30名队员，就给第1到第15名队员每人分别看一种动物；给第16名队员看的动

物和第 1 名队员相同，给第 17 名队员看的和第 2 名队员的相同，以此类推。（或者，如果你愿意，也可以为每种动物制作 2 张卡片，并给每个队员 1 张卡片。）

然后告诉队员们："诺亚是世界上最早的自然资源保护者。据说在大洪水来临之前，他将每种生物的两个（一公一母），放进他的方舟里。正是因为有了诺亚，我们才有了今天的野生动物。这个游戏再现了诺亚把每种动物的两个都集中到方舟中的情景。为了帮助诺亚，动物们要自己配上对。为了将自己与其他动物区分开来，每种动物都要表现出特有的习性、行为和叫声。"

引导员让队员转过身，面向圈外。请他们闭上眼睛，想象自己要扮演的动物的自然栖息地。通过安静、轻柔地模仿动物的肢体动作，悄悄地发出叫声，队员逐渐成为要扮演的动物。准备就绪后，引导员再请他们转身面向圈内，开始寻找自己的伴侣。

顷刻之间，动物们一个个都活灵活现，在一片咆哮、"呱呱"的嘈杂声中，有的跳跃，有的滑动——每只动物都努力吸引自己的伴侣。当动物们一个接一个地认出对方时，欢乐的笑声就会响起，完成配对的两个人走向方舟，接受诺亚的欢迎。

猜一猜，快跑！

动物分类 / 动物信息
- 白天，空旷的场地或道路
- 4~16人
- 7岁及以上
- 绳子、铅笔、纸、2条手帕

"猜一猜，快跑！"游戏的戏剧性和追逐性，使学习动物知识变得既刺激又有益。它既可以在室外进行，也可以在室内开展，如果遇上雨天，不妨试试这个游戏。孩子们在玩完"猜一猜，快跑！"这个游戏后，通常会迫不及待地翻阅野外指南，或者上网搜索，以发现有趣的动物知识，为下一轮游戏做准备。

将队员分成人数相等的两组，每组最多8人。给每组发一支铅笔和一个记事本（或一张纸），让各组选择一种动物，这种动物应该是大家熟悉的，但另一组可能不会那么容易马上想到。

每组为自己的动物写下6~8条线索。第一条是一般性的线索——可以描述任何一种动物的线索。例如，"我住在森林里"，

或者"我与很多没有骨气的家伙一样,性格比较胆小"。

最后一条线索应该非常具体,能让对方明确知道它是什么动物。例如,"我有一个又小又黑的身体,一条毛茸茸的尾巴,背上和尾巴上有一条长长的白色条纹。我可以喷出一种恶臭的黏液来驱赶捕食者"。(请参见第 52 页的"指鼻子"游戏,那里有从一般到具体的 8 条动物线索的示例。更多的动物线索示例请参见第 220~224 页。)

这些线索描述的都是关于该动物的有趣知识,从第一个一般性的线索到最后一个答案几乎一目了然的线索,线索应该越来越具体。

玩法: 在两组之间放一根绳子,"猜谜队"站在绳子的旁边,"线索队"站在离绳子约 0.6 米的地方。在绳子两侧约 3.3 米的地方各放一条手帕,以表示两队的大本营。(跑者不需要碰到或站在手帕上,他们只是需要在被对方抓到或碰到之前跑过这个 3.3 米线

就可以了。一定要检查奔跑区，避免危险，确保安全。）

"线索队"指定1人朗读线索。当第1条线索被读出时，对方"猜谜队"中的任何队员都可以喊出他的猜测。这个游戏有趣的挑战在于：只有第一个猜测的答案才算数，而且在那位读出线索的朗读者说出"对"之前，"线索队"的队员谁也不能转身跑向大本营。

线索读出来后，朗读者要听"猜谜队"喊出的第一个猜测，并做出回应，可能是"错"。"猜谜队"第一个猜测之后的任何猜测，即使正确，也不算数。随着线索越来越明显，气氛越来越紧张，每个人都要做好逃跑的准备！

正因为这种兴奋和不想被碰到（抓住）的愿望，"线索队"队员有时会在朗读者说出"是"之前就逃跑了。（一定要选择一个能够自信地大声说出"对"或"错"的朗读者。当然，也要选择一

个不会在回答"对"之前就自己跑回大本营的人！）

为了帮助队员更好地遵守这一规则，你可以适当惩罚那些抢跑的队员，重播一遍刚才最后那条线索。引导员让队员们都回到绳子旁，朗读者再次念出同样的线索，刚才抢跑的队员必须跨着站在绳子上，这样对方更有机会触碰到他们。很快，队员们就学会了等待"对"的时候。

当一队的动物被猜出后，两队互换角色。

猜一猜，快跑！（第二版）

孩子们在绳子的一边排好队，引导员站在另一边。引导员一次读一条线索，读完后，孩子们猜答案。如果孩子们猜对了，引导员会喊"对"，然后孩子们要在引导员跑到大本营之前追上他。在这个版本中，追赶引导员的机会给孩子们带来了特别的欢乐。

第 5 章

培养专注

> 本章的游戏帮助我们成为更好的自然观察者。

著名的植物学家乔治·华盛顿·卡弗（George Washington Carver）还是个小男孩的时候，就对自然有着敏锐的观察力。由于他有着能准确感知植物哪里出了问题并给出治疗方法的非凡能力，在镇上他被称为"植物医生"。人们对年轻卡弗的知

识感到惊叹,尤其他还是一个被解放的黑奴,从未上过学。

对于小乔治·卡弗来说,他的天赋非常简单。当人们对他与植物的融洽关系表示惊叹时,他说:"人们只是看看他们的花,不会像我一样看见它们。"通过仔细感觉和观察一株植物,他能确切地看见它需要什么。

我所好奇的

> 我在乡间漫步,寻找我所不了解的事物的答案。为什么贝壳会出现在山顶上……还有,鸟儿是如何让自己悬在空中的。
>
> ——列奥纳多·达·芬奇

好奇心是人类最重要的品质之一,它为我们打开了通往新世界、新知识和新机遇的大门。童年时期的好奇心和惊奇感会伴随一生。

好奇心或强烈的兴趣,可以培养创造力,促进创新。当我们充满好奇时,我们会用新鲜而不是倦怠的眼光去看待事物,我们会意识到生活中的细微差别。停止评判和先入为主的观念,有助于我们看见事物的当下,正如它们真实的那样。于是我们能在熟悉的事物中发现不熟悉的面向。

玩法: 走进大自然,寻找你所好奇的事物。在纸上写下你的问题。例如,你可以问自己:"为什么有些昆虫的翅膀是半透明的?"或者"为什么这种松树的果实很大?"在仔细观察你的研究对象之后,为你的问题想出几个可能的答案。

你的猜测是否准确,其实并不重要。你花在思考对象上的时间本身,会帮助你建立与它更紧密的联结。

玩得开心。发挥想象力和创造力。看看你能创造出多少不同的答案。要锻炼你的好奇心!

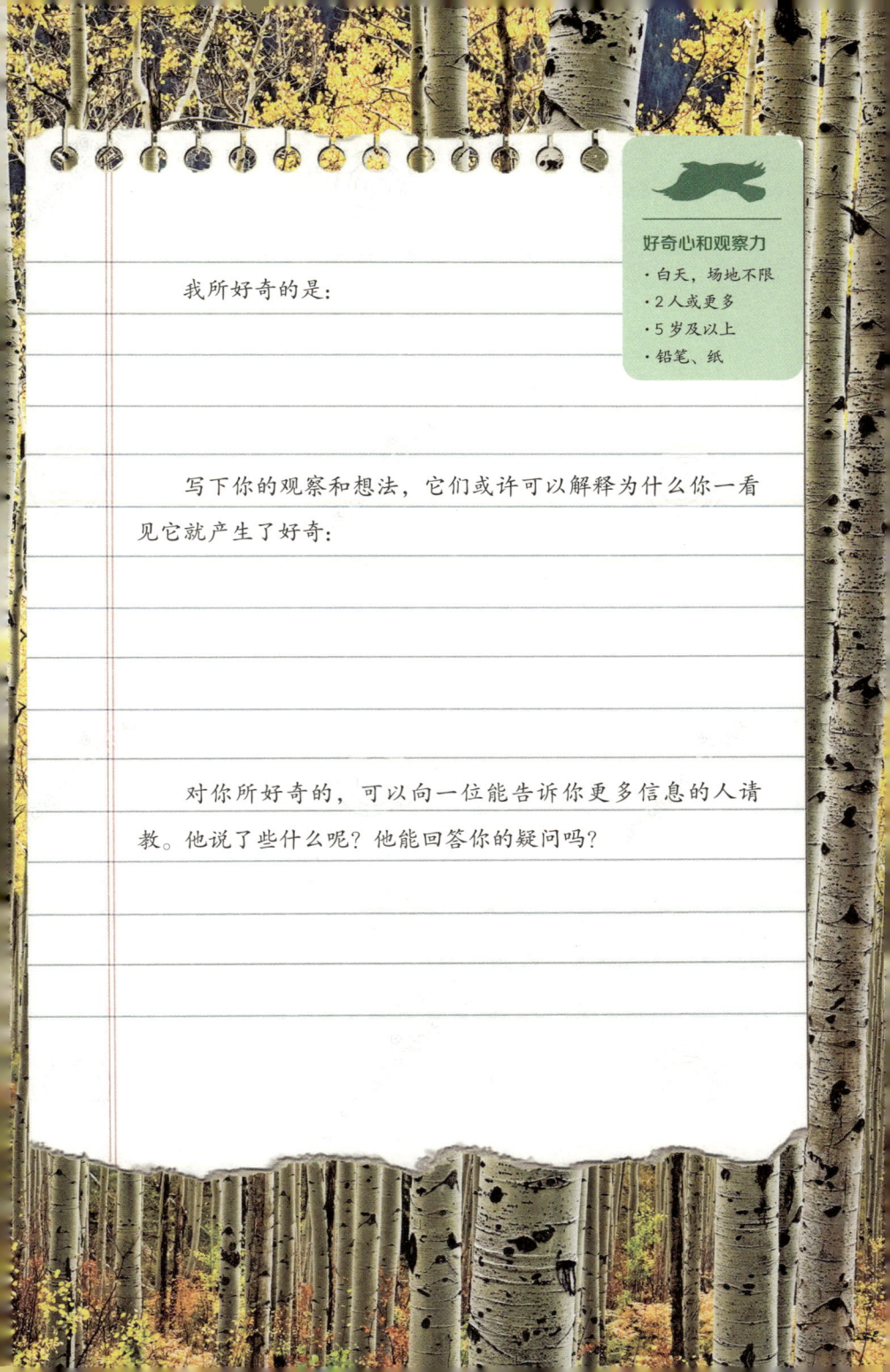

好奇心和观察力
- 白天，场地不限
- 2 人或更多
- 5 岁及以上
- 铅笔、纸

我所好奇的是：

写下你的观察和想法，它们或许可以解释为什么你一看见它就产生了好奇：

对你所好奇的，可以向一位能告诉你更多信息的人请教。他说了些什么呢？他能回答你的疑问吗？

数声音

听觉感知
- 白天，场地不限
- 1人或更多
- 3岁及以上
- 无需其他物料

我的朋友瑞娜塔分享了一个关于"数声音"游戏的温馨故事。她的73岁、住在立陶宛的祖母玛丽患有阿尔茨海默病，总是焦虑不安，但很难找到帮助玛丽缓解焦虑的活动，即使是在大自然中散步也不奏效。

在一次探访中，瑞娜塔把玛丽带到后院的花园里，想起"数声音"游戏很简单，便让玛丽闭上眼睛，倾听周围的声音。"奶奶，"她问，"能数数您能听到多少种不同的声音吗？"

在长达8分钟的时间里，奶奶专注地倾听着周围的声音，每听到一种不同的声音，她就竖起一根手指。然后，她睁开眼睛，开始仔细地罗列她听到的每一种声音：鸟叫声、汽车声、人们的说话声、风吹树叶的声音、孙女的呼吸声，以及昆虫飞过的声音。

仅仅玩了几分钟的"数声音"游戏，令瑞娜塔惊讶的是，玛丽发生了很大的变化。此刻的她平静而专注，脸上洋溢着喜悦。此后的近一个小时里，玛丽一直保持着平静。

梭罗说:"用崭新的感官去感受新鲜,就能受到启发……能感受到岁月的奇迹存在于每一个当下。"

简单的"数声音"游戏,能让儿童和成人轻松地与自然世界直接建立联结。为什么这个小男孩可以如此安静、专注地坐着?他正在专心聆听周围的声音。每当他听到鸟儿在森林里歌唱,大黄蜂的嗡嗡声,或者干草在风中"沙沙"作响时,他都会竖起一根手指来示意。

玩"数声音"游戏时,请孩子们坐着,手肘弯曲,紧握拳头,与肩同高,拳心朝前。每听到一种新的声音,他们就竖起一根手指。让孩子们挑战一下:"能听到10种不同的声音吗?"让孩子们闭上眼睛,可以帮助他们更专注。

如果是在嘈杂的城市公园玩这个游戏,可以让孩子们只聆听大自然的声音。

辨颜色

视觉感知
- 白天，场地不限
- 1人或更多
- 4岁及以上
- 无需其他物料

"辨颜色"游戏向孩子们提出了挑战：让孩子们站在一个地方，看看他们能数出多少种不同的颜色和色度。

例如，你可以问："你能看到多少种深浅不一的绿色？"待孩子们回答后，告诉他们："绿色是大自然最喜爱的颜色之一。大多数植物都是绿色的，因为它们含有叶绿素这种化学物质，可以吸收太阳的能量。植物之所以呈现不同的绿色，是因为叶片含有叶绿素的量有所不同。"植物也含有其他会影响颜色呈现的色素。

如果站在悬崖上俯瞰大海，你可以问："你能在海水中看到多少种颜色？"

光线会改变颜色。每隔24小时，我们就会见证夜晚的黑暗转变为白昼绚丽的色彩盛宴。由于光线的变化，在大峡谷（Grand Canyon），岩石的色彩时时刻刻都在变化，如同被赋予了生命。

请孩子们观察一个自然场景，观察光线的变化是如何改变色彩和氛围的。

我能看见

"我能看见"游戏可以帮助儿童和成人变得更专注、更能沉浸在自然中。尽管这项简单的活动只需几分钟时间,却能将人们有力地带入当下。

有一次,我在北卡罗来纳州组织一场活动,一名杜克大学的学生为即将到来的期末考试产生的巨大压力感到不知所措,她参加了"我能看见"这个游戏活动。体验完后,她告诉我:"在那一刹那,我觉察到了周围的世界:我看见了附近的树木,听到了森林的声音。我完全忘记了考试,现在感觉不那么焦虑了。"

梭罗说:"岁月的奇迹存在于每一个当下。"这项简单的活动让我们驻足于此时此地,发现生活的美丽和丰盈。

玩法:队员每两人一组,在大自然中寻找一处迷人的地方。到达目的地后,其中一人坐在或站在另一人的身后。坐在后面的人是引导者,坐在前面的人是队员。

引导者首先说:"我能看见……"然后,队员接过话茬,说出他看到的第一个映入眼帘的事物,例如"高大的树木"。引导者继续重复其他简单的短语来提示伙伴。引导者每说完一个短语,队员就回答一个观察结果。例子如下:

引导者:"我能听到……"

第 5 章 培养专注 | 103

队员:"啄木鸟啄树的'嗒嗒'声。"

引导者:"我能闻见……"

队员:"鲜花盛开的灌木丛。"

引导者:"我能感觉到……"

队员:"森林的宁静。"

对生命的觉察
- 白天,场地不限
- 2人或更多
- 10岁及以上
- 无需其他物料

引导者可以多次重复这些短语,也可以创造个人短语。只要有兴趣,两人可以一直玩下去(通常3分钟左右),然后可以交换位置和角色。

这项活动的一个更具反思性的版本是"我是山"的游戏。这个游戏可以在我的书《来自天地的感动:共享自然身心健康活动》(*The Sky and Earth Touched Me: Sharing Nature Wellness Exercises*)中找到。

和孩子一起玩"我能看见"游戏

让孩子们坐在你面前,紧挨着坐成一排。告诉孩子们,你会用一个短语提示,每个孩子都有回答的机会,从左边的孩子开始。我喜欢改变我的提示语。例如,对第一个孩子说,"我能看见……",对第二个孩子说,"我能听到……"。依次说下去,直到每个孩子都回答了三四次。确保每个孩子都有机会回答关于听见、闻到、感觉到的提示。

有多近？

> 觉察和定向运动
> - 白天，空旷的场地
> - 3人或以上
> - 8岁及以上
> - 头巾、眼罩

自然学家伊诺斯·米尔斯（Enos Mills）站在约3658米高的北美大陆分水岭上。他的雪镜丢了，雪地反射的强烈阳光很快晃瞎了他的眼睛。他被阳光灼伤的眼睛，由于肿痛，只能一直闭着。

米尔斯双目失明，孤身一人站在落基山脉之巅，最近的房屋也在千里之外，他必须小心翼翼地行走。他用双脚和手杖摸索着前进，尽量避免跌落悬崖或进入陡峭的峡谷。他大声呼救，但没有人回应。不过，他专心听着每次喊叫后的回声，注意着它的方向、强度和回声的交叉情况。米尔斯得出结论，他正进入一个深不可测的森林峡谷。

要想找到向其他人求救的最佳机会,他必须向东走。为了确定自己是在向东行进,他爬出峡谷,摸了摸右侧山坡上的树木,注意到其中大部分是恩格尔曼云杉,生长在朝北的斜坡上。为了进一步确定方向,他又爬上了左边的斜坡,发现大部分树木是椴松,生长在朝南的斜坡上。米尔斯现在确定,自己正在向东走了。

就这样小心翼翼地走了一整个寒冷的夜晚,米尔斯感受到了清晨的阳光。失明让他的其他感官更敏锐,感知更丰富。他的耳朵听到了鸟儿的"啾啾"声,冰柱"噗"的一声落入雪地。当一朵云从头顶飘过,他可以通过感觉云朵遮住温暖阳光的时间来判断云朵的大小。他不断分析着空气。某一瞬间,他闻到了木头燃烧的烟味,但旋转的气流掩盖了烟的方向。

当天晚些时候,他的鼻子嗅到了一个破旧畜栏的气味。他在畜栏的旁边找到了一间小木屋。经过两天一夜的劳累,他筋疲力尽,躺在木屋的地板上,很快就睡着了。当米尔斯醒来时,他的四肢冻得不停地发抖,一个多小时后,他才能停止发抖,开始走路。

他找到了一条可以以正常速度走路的道路。很快,他闻到了一股白杨树燃烧的刺鼻味道,知道自己已经接近人家了。他不想与之擦肩而过,便停下来倾听。

这时,他听到一个小女孩轻轻地问:"先生,你今晚要和我们住在一起吗?"[1]

有多近?

在户外散步时,儿童和成人往往很少注意周围的环境。"有多近?"游戏的参与者会以一种戏剧性的方式体验到对周围环境保持觉察的重要性。在参与活动之后,参与者会特别注意风向、地形坡度、太阳位置、微气候、刺鼻的气味、鸟儿的叫声和其他自然声音。

"有多近?"游戏不仅能帮助人们成为更好的自然观察者,还能帮助拯救生命。徒步旅行者在穿越密林或其他复杂地形时,经常会迷路或暂时迷失方向。浓雾、暴风雪和光线不足也会导致徒步旅行者迷失方向。

---

[1] 改写自伊诺斯·米尔斯(1870—1922)的《自然向导历险记》(Adventures of a Nature Guide)中的"在山顶雪盲"。

在"有多近?"游戏中,蒙上眼睛的参与者需要利用触觉、听觉和嗅觉来发现环境线索,帮助他们安全地穿过空旷的田野或草地。

玩法:引导员寻找一大片可以安全行走的开阔草地或田野。如果可能的话,找一片有小山丘或斜坡的草地,以增加景观的多样性。让队员两人一组,一名队员担任向导,另一名队员是蒙上眼睛(或闭上眼睛)的"步行者"。

队员们站成一排,引导员从他们身边走出67步(约53.6米),穿过开阔的草地。当引导员准备就绪时,向队伍挥动一面旗帜或一块手帕示意。所有的步行者都看向引导员的位置,然后蒙上眼睛或闭上眼睛。蒙眼队员尽量沿着一条直线走向引导员,并尽可能地靠近引导员。

向导一路跟随，确保步行者的安全。除非步行者即将遇到危险，否则向导不能以任何方式影响他。当步行者到达与引导员平行的位置时，向导会轻拍步行者的肩膀，示意"停下"。当越来越多的步行者接近引导员的位置时，引导员向两侧伸出手臂，形成一条"终点线"，这样向导就知道步行者是否已抵达。

在第一组队员开始行走之前，引导员向大家提出一个问题："哪些自然迹象（如风、太阳、斜坡和鸟叫声）能帮助你们保持直线行走？"并提醒大家，抵达终点时保持安静，以免影响其他还在行走的队员。

"有多近？"游戏的参与者会惊讶于走直线的挑战。很少有人能做到这一点。我注意到，游戏结束后，参与者会更加谦虚，更善于观察，并热衷于学习定向运动技能。

你离目标有多远?

在步行者到达"终点线"后,引导他们思考"如果他们走的不是约53.6米,而是差不多整整1609米,那么他们离目标点(引导员)会有多远?"这个问题,是很有意义的。队员们都很想知道自己是否能走直线,也很想知道如果他们继续走1609米,他们距离目标究竟有多远。许多人发现,他们与引导员位置的偏差竟达8047米[1]!

为了知道自己走多少步可以走到53.6米,引导员需要测量自己的步长。例如,我的步长是80厘米,下面是我确定我的步长需

---

[1] 人在蒙眼情况下走路,走的方向可能与目标点不一致。根据每个人步伐大小和偏离方向的不同,距离目标点的距离也会有很大差异。——编者注

要走多少步才能走 53.6 米的方法：

- 1 米有 100 厘米，53.6 米等于 5360 厘米；
- 5360 厘米除以 80 厘米得到的数，就是步行 53.6 米需要的步数；
- 答案是 67 步。

当所有步行者都走到"终点线"时，让他们不戴眼罩走到引导员身边，数一数他们各自走了多少步。按照每步长约 0.9 米，再乘以这个步数，就可以得出他们各自走 53.6 米后，与目标点（引导员）偏差的距离。

例如，如果你走了 20 步到达引导员，那么用 20 步乘以步长 0.9 米，就等于 18 米。也就是你走了 53.6 米，与目标点偏差 18 米。那么，由此可以推算，你每走 1 米，就与目标点可能偏差 0.33 米，每走 1000 米，就与目标点可能偏差 330 米。

声音地图

啄木鸟的敲击声

风穿过树林的声音

隐士鸫如长笛般的叫唤声

水从陡峭的岩石倾斜而下的声音……

这些迷人的自然和鸣之声让"声音地图"游戏的参与者乐在其中。孩子们喜欢这项活动,在绘制周围的声音地图时,他们会出奇安静地坐着。

游戏开始时,给每人发一张纸,纸中央标有一个"X"。告诉队员,这张纸就是"声音地图","X"代表自己选定好的所坐的位置。当队员听到某种声音时,就在纸上做一个记号来代表它。记号的位置要能显示声音与队员所在位置的方向和距离。告诉队员,不要为听到的每种声音绘制详细的图画,只需用一个简单的符号表示即可。例如,几条波浪线表示一阵风,或用一个音符表示一只唱歌的小鸟。做简单的记号可以让注意力集中在听而不是画上。

鼓励队员在倾听声音时闭上眼睛。为了帮助他们提高听觉能力,可以让

听觉感知和定向运动
- 白天/晚上,自然区域
- 1人或更多
- 5岁及以上
- 纸、笔

他们把手掌弯曲，在耳朵后面托住（手掌心朝前），做成"狐狸"状的耳朵。这样的手势可以通过扩大耳朵的表面积来增强捕捉声音的能力。然后，再教他们如何把弯曲的手掌托在耳前（手掌朝后），这样就更容易听到来自身后的声音。

为了听到各种自然声音，引导员可以选择一处包含多种栖息地的区域，如草地、溪流和森林。告诉队员们，他们有一分钟时间来找自己特别的"聆听地点"。设定一个明确的时间，能防止静不下来的队员到处走动，打扰到团队的其他成员。出于同样的原因，引导员要告诉队员们需待在自己的位置上，直到你发出活动结束的信号为止。

应该玩多长时间？4~10分钟就可以了。取决于队员的年龄和兴趣水平，以及活动场地里动物们的活跃程度。活动结束后，引导员把团队成员召集在一起,两人一组,彼此分享各自的"声音地图"。

分享结束后,你可以向队员提出以下问题:

- 哪些声音是你最熟悉的?
- 什么声音你以前从未听过?你能猜测那是什么发出的声音吗?
- 你最喜欢哪种声音?为什么?

静静地坐着,聆听附近树木、鸟儿和小草的声音,它们能让我们平静下来,加深对周围生命的领会与感激。"声音地图"是一项能逐渐唤醒我们对周围环境抱有更深觉察的绝佳游戏。

> 大地是最辉煌的乐器,我是它的旋律的听众。
> ——梭罗

伪装步道

"伪装步道"是我最喜欢的游戏之一,因为无论是孩子还是成人,在努力寻找难以发现的隐藏物品时,都会变得目标明确、全神贯注。

引导员要在一段约15~23米长的路径上放16~24件人造物品。这些物品应看起来与周围植被和地面覆盖物融为一体。然后,每个队员都要尽可能多地找到伪装的隐藏物品。我告诉队员们:"这个游戏是需要个人完成的游戏,而不是团队游戏。"

踏上"伪装步道",队员们立即变得目光敏锐、全神贯注,寻找着生锈的钉子、棕色的硬币和木制衣夹等物品。这个游戏可以提高队员的观察能力。一次活动结束后,一个10岁的男孩告诉我:"我看到一只蜥蜴在4米远的地方眨眼睛。"

要玩这个游戏,首先要收集一些伪装物品,有些容易被看到(比如大的塑料荧光昆虫),有些则更具挑战性。如果是和年幼的孩子一起玩,物品应该大一些,这样更容易被发现。

活动的时候,选择一段约15~23米长的路径,或者一片有各种植物和落叶的空地(这条路要足够宽,至少可以让两个人同时通过)。为了让队员不偏离路径,又

视觉感知和专注力
- 白天,森林/灌木丛
- 1~30人
- 5岁及以上
- 人造物品、约23米长的绳子

第5章 培养专注 | 115

与隐藏物品保持一定的距离，引导员可以用一根绳子标出"伪装步道"的范围。这个区域的林下植被应相对稀少，以便队员可以看到地面。为了增加游戏的多样性，可将伪装物品散放在不同的高度和距离上，但不能超过 1.2 米远。

引导员需要告诉队员们："仔细地边走边找，数数看你们看到了多少个伪装物品，不需要记住具体是什么物品。"为了增加悬念，请对隐藏物品的总数保密。当队员们走完步道，他们会小声告诉你他们看到的隐藏物品的数量。你可以这样回应："不错，你发现了总数的 1/3。"或者说："很好，你找到了 3/4。"

队员们渴望找到所有的隐藏物品，所以引导员可以邀请他们再走一遍。当每个队员自己找过一遍后，让大家在步道的起点处集合。请队员们和你一起沿着步道最后走一遍，当你走近其中一

个隐藏物品时，请喊一声并指出来。可以请一名队员当志愿者，把找到的隐藏物品放回袋子时，大声报数。

如果加入一两件巧妙伪装的物品，可以让年龄较大的儿童和成人专注投入的时间更长。我最喜欢的是一面约 7 厘米 × 10 厘米大小的金属露营镜，它可以反射出森林落叶。用小树枝遮住镜子的边缘，就几乎找不到它了。

如果队员人数较多，为了让所有人同时进行游戏，可以让一半的队员从头到尾走完整条步道，另一半的队员从步道的中段开始走到尽头，折返到起点，再走到中点。

如果你愿意，结束游戏的时候可以引导队员们寻找具有保护色的动物，讨论一下适应力和伪装等概念。

动物，动物！

> 野生动物观察 / 动物动作及举止 / 同理心
> - 白天 / 晚上，场地不限
> - 6人或更多
> - 5岁及以上
> - 动物图片

　　萨拉在我们面前蜷成一团，打了个哈欠。在我们40个人的注视下，她小心翼翼地将左手举到嘴边，舔了舔手背，然后轻轻地在脸颊上蹭了蹭。我们马上明白了，她在扮演一只猫。然后，她蹲下了身子，全身紧绷着，保持着警觉。她猛地向前一跃，扑向一只假想的猎物。"山狮！"我们大声地喊出来，一边笑，一边鼓掌。

　　"动物，动物！"游戏帮助人们与动物建立更强的亲近感。这个游戏有两种玩法。第一种玩法，使用动物图片，既温馨又有趣；第二种玩法则更加严肃，往往寓意深刻，通过观察活生生的动物来产生更多的共鸣。

玩法一

适合 10 人或 10 人以下的团队

引导员将动物图片放在地上，有动物图片的一面朝下；让队员每人挑选一张，但对自己的动物身份保密。请队员找一个地方，花几分钟时间练习表演这只动物的行为和动作。然后把所有队员召集到一起，让队员一个一个地表演自己挑选的动物。

适合大型团队

邀请 6~8 名志愿者为团队进行动物角色扮演。引导员将各种动物图片卡片放在地上，有动物图片的一面朝上，让每个志愿者选择他认为最能模仿的动物。

引导员请每位表演者先想象一下自己要扮演的动物，再摆出一个能捕捉其精髓的静止姿势，保持约 6 秒。之后，每个表演者都可以动态表演出所选动物的动作和行为，但不能发出任何声音。

请观众静静地观看。

等每位志愿者都完成表演后,再让观众猜猜他们分别表演的动物是什么。为了防止观众过早猜测,引导员可以告诉他们,你会挥动手臂,以此代表观众可以开始猜测了。如果观众都猜不出来,你可以给他们一个微妙的提示。但是,你一定会惊讶于大多数志愿者的模仿是如此精彩,几乎每次都有观众能很快猜出动物的名称。

指定一个区域作为"舞台"会更有趣。为了在必要时给观众提供线索,在志愿者表演前,可提前看看他们各自挑选的动物图片。

你选择的动物应该是众所周知的,具有易于识别的身体特征、动作和行为。多年来,最受欢迎的动物是熊、蝙蝠、企鹅、大猩猩、乌龟、猫头鹰、豹子和苍鹭。

玩法二

在参观动物园、农场或野外区域时,你可以告诉团队,你将要求他们选择一种动物进行表演,以促进他们对动物的敏锐观察。如果队员们足够成熟,可以让每个人单独去寻找他觉得有趣的动物。提醒队员们,蜻蜓、蜥蜴和蝴蝶也是动物。告诉每个队员仔细观察所选的动物,然后想象自己就是这种动物,最后练习其动作和行为。

微观之旅

> 观察土壤表面
> - 白天,场地不限
> - 1人或以上
> - 4岁及以上
> - 每人1根约1~1.5米长的绳子、1个放大镜

最近,一位女士告诉我,她从未忘记25年前那次"微观之旅"的自然体验。她说:"我完全不知道,在一片小小的土地上,生活着这么多神奇的东西。"

孩子们对脚下的小小世界非常着迷。在这个游戏中,队员们要进行一次非常小的"远足"。给每个孩子一根约1~1.5米长的绳子,并让他们找一块有趣的地方,在那里铺上绳子,标注出他们"微观之旅"的路径。

给每个孩子一个 3 倍率的放大镜（想要更近距离观察，可以使用 5 倍率放大镜），教他们如何使用它来观察脚下微小的岩石、植物和虫子。为了获得最佳视野，他们的头必须距离地面 0.3 米左右。当他们匍匐或手脚并用地爬行时，可能会看到小昆虫、小种子、地衣或花朵。

询问他们能否看到动物啃过树叶或吃过种子的痕迹。鼓励孩子们想象自己进入了一个充满全新视角和冒险体验的神奇的微观世界。如果他们看到一种迷人的昆虫，引导员可以多鼓励他们，通过观察尽可能多地了解它。

孩子们不必走完全程。有时，一只脚的距离（约 0.3~0.4 米）就能让他们全神贯注地观察好几分钟。这个游戏可以玩 10~15 分钟，然后召集所有队员一起分享他们的发现。

复制

记忆 / 视觉感知 / 自然历史
- 白天，不限场地
- 2人或更多
- 5岁及以上
- 2条手帕

这个游戏可以把孩子们带入周围的自然环境，唤起他们对植物、岩石和动物的兴趣。游戏开始时，引导员会展示从附近环境中可以找到的8个自然物品，要求孩子们记住它们。然后，孩子们要找到跟它们一样的物品。

在游戏开始之前，引导员需要先在附近的自然区域走一圈，收集8件物品，如松果、石头、干枯的豆荚、橡子、落叶，以及动物身上的一些东西，如羽毛、灌木丛上的一簇毛，或者蜻蜓幼虫蜕掉的外皮。（你收集的东西必须在该区域足够常见，以便每个孩子都能找到类似的物品。不要破坏或使用任何有生命的东西，如鲜花或昆虫。）把这些物品放在一条手帕上，用另一条手帕盖住。

将孩子们聚集在你周围,并向他们解释说你将展示一些可以在附近找到的自然物品,并对他们说:"你们有 25 秒的时间来观察这些物品,记住它们。然后,你们每个人都要去收集类似的物品。"说完,引导员就掀开上面的手帕,在规定的时间内展示物品,然后盖上手帕。

当孩子们带着自己的物品回来时,引导员把他们聚集在展示物品的周围。将你的手放在手帕下面,掏出其中一件物品,并讲述一个有关它的故事。例如:"印第安人用这个东西做食物,也当作动物陷阱的诱饵,还能用它制作陀螺和其他玩具。"然后,戏剧性地拿出橡子给孩子们看,并问:"谁从黑橡树旁找到橡子了?"因为孩子们一直在寻找橡子和其他物品,他们已经积累了希望更多地了解这些物品的兴趣。

沉睡的守财奴

这是孩子们无法抵御的挑战：悄悄地接近一个熟睡的守财奴，偷走他的一袋金子。孩子们必须悄悄地靠近，让守财奴听不到他们的声音。这种潜行游戏可培养自我控制和深度专注力，并鼓励人们在户外保持安静。

首先，引导员邀请一名孩子扮演守财奴。他坐在地上，蒙上眼睛。在他的面前放一顶帽子或围巾，代表他的装黄金的袋子。虽然守财奴深深迷恋着自己的财宝，但他现在已经睡着了。其他孩子趁机试图抢走他的财宝。

引导员需要选择一个地方，在这里，周围没有很多的噪声，而潜行者多少会制造一点噪声。这些潜行者在守财奴周围围成一个直径约 6 米的圆圈。如果他们愿意的话，可以光着脚走。引导员发出信号后，潜行者们为了尽快地抢到财宝，必须尽可能安静地向守财奴靠近。为了成功，孩子们必须控制好自己身体的每一个动作，不允许奔跑或扑上去夺宝。

引导员作为"裁判"，站在守财奴的身后。如果守财奴听到某个声音，他就会指向那个声音发出的方向。如果声音足够大，裁判会"附和"他所指的方向。如果裁判确切地指出某个声音方向的孩子，那个孩子就被

潜行 / 专注力
- 白天，空旷的场地
- 5 人或以上
- 6 岁及以上
- 眼罩

第 5 章 培养专注 | 125

"抓住了",他必须停下来,暂时留在原地。裁判也可能对守财奴几次指的方向不做"附和"。

在几名孩子"被抓住",或者有孩子摸到财宝后,裁判会宣布本轮游戏结束。在休息期间,摸到财宝的孩子挪到圆圈外,等待其他队员继续游戏,"被抓住"的孩子则回到圆圈的边缘,重新开始游戏。要确保在休息期间没有人乘机靠近财宝。第一个摸到财宝的队员就是下一轮的守财奴。

由于孩子们在游戏过程中都很安静,难得一见的动物也会出现在游戏区域的附近,这让每个人都很高兴。但是,"沉睡的守财奴"游戏的主要益处还是培养队员们的一些技能:自我控制力和警觉的专注力。

夜间守路人

专注力 / 潜行
- 晚上，道路上
- 5人或更多
- 5~13 岁
- 手电筒

在这个夜间游戏中，一名队员扮演"守路人"，坐在一条人迹罕至的道路中央。他闭着眼睛，手里拿着手电筒。其他队员试图悄无声息地从他身边经过而不被他听见。

引导员让队员们站成一排，距离守路人约4.5米远。队员们要尽可能悄无声息地走，试图到达守路人身后约3米远的大本营。如果守路人听到声音，他就将手电筒对准声音的来源。（用手电筒扫来扫去，希望用光束扫到别人，这是不公平的！）任何被手电筒光束照到的队员都必须停止移动。

在多名队员被抓后，引导员宣布暂停游戏，让这些队员返回起点重新开始。第一个安全到达大本营的队员将成为下一轮的守路人。

第 5 章 培养专注 | 127

第6章

直接体验

> 在与大自然的神奇邂逅中,我们就像一个被潜移默化滋养的细胞——吸收着周围环境的一切。本章的直接体验活动让我们完全沉浸在自然世界中。

我曾经在书中读到,美洲原住民会在夜晚涉水进入沼泽地捕猎野鸭。漆黑的夜晚使他们能够近距离接近鸟类。

作为一名鸟类爱好者,我对这种可能性很感兴趣。在一个冬天的傍晚,我来到我最喜欢的沼泽地,想看看这种说法是否属实。当我走近沼泽时,我听到了成千上万只大雁在颤动。然后,它们起飞了,发出雷鸣般的鸣叫声。雁群起飞的气势犹如火山爆发,漫天都是用力拍打翅膀以获得动力的飞舞的大雁。

数以千计的鸭子从四面八方飞来,掠过湿地草丛。我顾不上寒风凛冽,急忙跳入冰冷的水中。快速飞行的野鸭和以"V"字形队伍飞翔的大雁群,撼动了整片沼泽地,我的内心

升起强烈的兴奋感,以至于我将任何不适都抛之脑后。

没有月亮的黑夜隐藏了我的存在,成群的野鸭飞得离我异常近。呼啸的扑翅声、呜呜声、唧唧声、嘎嘎声,充斥着我的耳朵——让我兴奋不已!野鸭就像大雨滴般落在我的周围。

我察觉到头顶上有什么东西,抬头一看,只见一只大角鸮俯冲而过。由于我只有头部露出水面,这只好奇的角鸮还飞过来仔细观察了一番。与此同时,野鸭在我周围游来游去,有些野鸭离我很近,我几乎可以触摸到它们。后来,当我在浅水区静静地站着时,一只小鸭子平静地从我的两腿之间游过。

我花了几个小时安静地涉水,用耳朵和手来引导自己,从一片满是野鸭的池塘摸索到了另一片池塘。夜晚的沼泽地——满是野鸭和大雁——是如此引人入胜,以至于我完全沉醉其中,我和它们的分隔界限似乎模糊了,甚至消失了。

访问大自然

在这项活动中,你可以选择一块岩石、一株植物、一只动物或大自然的其他事物,然后讲讲它们的故事。例如,你可以选择一只蜻蜓、一朵黄花、一块巨石、一座山峰,甚至是一阵风。

尽可能地去了解你的选择,尽量从不同角度去了解它。例如,如果你选择了一块岩石或一株植物,可以用手去感受它的质地,观察它身上长着什么东西,寻找火灾、干旱或腐蚀等对它造成伤害或影响的痕迹。再拉开一点距离观察,看看它是如何融入周围环境并与之互动的。想象一下它的生活可能是什么样的,并说说你欣赏它的地方。也想一想它可能有过哪些经历。

地质学家说,美国大峡谷中的一些岩石已有 20 亿年的历史。想想这些岩石自诞生以来发生的一切,会让人觉得很有趣。山脉隆起又崩落,沙漠出现又消失,海洋来了又离去。恐龙、猛犸象和骆驼曾轮流从这片土地上走过。

在访问你的对象时,试着从它的角度看待生命。因为石头、植物或动物无法与你进行人类意义上的对话,所以请发挥想象力来回答;如果你愿意,可以试着静静地倾听,看看你的朋友会如何回答你的问题。

野生动物和植物之所以吸引我们,是

万物有灵 / 感同身受
- 白天,场地不限
- 2 人或更多
- 7 岁及以上
- 铅笔、纸、采访单

因为我们对那些共享生命礼物的动物和植物有着天然的亲近感。拟人化的大自然能让我们在某种程度上感觉到——所有生命都和我们一样。

玩法： 选择与你的主题相匹配的类别，提出问题，并回答最有可能合适的答案。你可以自由创造自己的问题和对话。带着小孩的成人可以大声读出问题，并帮助孩子写下答案。

给队员们大约10分钟的采访时间，然后召集他们回来。等他们回来后，三四人为一组，互相分享自己的访谈内容。

岩石、植物或自然地貌

- 你几岁了？
- 你从哪里来？
- 你一直是现在这么大吗？
- 生活在这个特别的地方是什么感觉？
- 你一生中经历过哪些重要事件？
- 谁来看过你？
- 你如何造福他人？
- 他们如何帮助你？
- 你有什么特别的事情想告诉我吗？

动物

寻找一种易于观察的动物。可能是昆虫、蜥蜴或松鼠。想象自己变成了这只动物。尽量不要打扰或惊吓到它。提出并回答下面的一些问题：

- 你现在在做什么呢？
- 你住在哪里？
- 你吃什么，如何找到食物？
- 你的生活如何造福他人？
- 他们如何帮助你？
- 你最喜欢自己生活的哪些方面？
- 你去过其他地方旅行吗？
- 关于你自己，你想告诉别人什么？

像约翰·缪尔一样观察自然

> 我会坐上几个小时,观察鸟儿或松鼠,或花朵的脸庞。当我发现一种新植物时,会在它旁边坐上一分钟或一整天,去认识它,试着听它要告诉我什么。
>
> ——约翰·缪尔[1]

大多数人在"看",但是没有"看见"。这个活动可以帮助你发现并记住动物的肢体特征和独特之处。

选择一种易于观察的动物,如鸟、青蛙或昆虫。如果有望远镜或放大镜,请使用它们来更好地观察。如果找不到能观察的动物,可以选择一棵树、一朵花,甚至一块石头或一条河流。

研究你选择的这个"特殊"动物(或植物等)时,要注意寻找你以前从未注意过的特征——眼睛的颜色、运动方式、羽毛的纹理或图案等。

在开始之前,请先阅读约翰·缪尔关于西部刺柏的描述。在缪尔眼中,万物都是有生命的,都有其独特的美。

万物有灵 / 感同身受
- 白天,场地不限
- 2 人或更多
- 7 岁及以上
- 铅笔、纸、采访单

---

[1] 摘自约瑟夫·克奈尔:《约翰·缪尔:我与大自然的一生》。

西部刺柏[1]

约翰·缪尔

西部刺柏是最顽强的高山植物之一。这些勇敢的高山植物主要生长在山脊和岩石上,在阳光的照耀和白雪的滋润下,生存超过了 20 个世纪。粗壮、结实的刺柏很容易在高山风暴中存活下来。它看起来似乎和它所站立的花岗岩一样历久不衰,这确实很神奇。当然,它是所有树木中生存最持久的高山植物——似乎永远不会自然死亡。如果不出意外,它也许会长生不老。我希望,自己也能像这些刺柏一样生活在阳光和白雪中,站在它们身边,历经千年。我将会看到很多事物,我会何等开心啊!

自然观察指引

A. 列出你观察到的动物或植物的 7 件事。

1. _____
2. _____
3. _____

---

[1] 摘自约瑟夫·克奈尔:《约翰·缪尔:我与大自然的一生》。

4. _____

5. _____

6. _____

7. _____

B. 选择一个词来描述你的动物是如何运动的（如果是植物，它是如何站立的）：

_____

C. 写一个单词或短语，表达你的动物或植物的独特精神：

_____

D. 如果要给你的动物或植物起一个名字，你会给它起什么名字？为什么？

_____

E. 为你的动物或植物写一首简单的诗或一个故事。说说你欣赏它的地方。

照相机

"照相机"游戏能让人静下心来,平息杂念和躁动,从而看清事物,是本书中最有力、最令人难忘的活动之一。

"照相机"游戏由两个人共同完成:一人是摄影师,另一人是照相机。摄影师指导闭着眼睛的照相机,去寻找美丽迷人的景致。当摄影师看到喜欢的景致时,就把照相机对准它,把他想拍的东西定格下来。

摄影师轻拍照相机的肩膀两下,示意照相机打开镜头(他的眼睛)。3秒钟后,再轻拍照相机的肩膀3下,让照相机再次闭上眼睛。拍第一张照片时,摄影师在轻拍肩膀两下时说"打开",在轻拍3下时说"闭上",可能会有所帮助。

欣赏美景
- 白天，户外区域
- 2人或更多
- 4岁及以上，12岁以下儿童需有成人或更成熟的青少年陪伴
- 索引卡、铅笔

在拍摄两张照片的间隙，照相机一直闭着眼睛，这会让3秒钟的"曝光"产生惊艳的效果。鼓励摄影师和照相机保持安静（只在必要时说话），以增强照相机的体验。

有参与者告诉我，他们在5年多以后，仍然记得当时拍摄的照片画面。"照相机"游戏除了让参与者体验到视觉上的震撼，在闭眼期间，照相机的其他感官体验也会增强。

拍摄4~6张照片后，照相机和摄影师互换角色。

由于这种体验非常引人入胜，摄影师和照相机之间会建立一种美好的默契关系。看到祖孙俩和其他组合小心翼翼地引导彼此，共同愉悦地欣赏着周围自然的奇妙景象，真是一件暖心的事情。

你也可以独自体验"照相机"游戏是如何深化觉察的。选择一块地形多样、几乎没有障碍物的区域。因为你将独自行走，请带上登山杖或杆子来协助自己，以确保安全。

选择一条安全的路线，通往有趣的地方，比如大岩石、树林或一处迷人的风景。闭上眼睛，开始行走。留意你的双腿肌肉如

何适应地形的不平整。感受阳光的温暖和迎面吹来的风，倾听身边昆虫的歌唱和嗡嗡低鸣。

在行走过程中，你可以微微睁开你的眼睛，以便发现模糊的轮廓（需要保证走在安全的路线上）。

当你感觉到附近有什么有趣的东西时，睁开眼睛拍张照片。建议只睁开眼睛3秒钟，同时迅速集中注意力在拍摄对象上。如果"曝光"时间较长，注意力就容易分散。

在拍更多照片的同时，继续小心前行。

"照相机"游戏小贴士

1. 摄影师握住照相机的手，轻轻拉着他的手臂，带他走向你想去的地方。慢慢前行，一定要注意地面上的障碍物和低矮的树枝。
2. 从不寻常的角度和视角拍摄，可以拍出令人惊叹的照片。

例如，你们可以躺在一棵树下，从仰望树枝的视角拍照，或者把照相机放在离树皮或树叶很近的地方。

3. 你可以通过告诉照相机使用哪个镜头，为下一张照片做好准备。拍摄花朵时，告诉照相机选择特写镜头；拍摄全景时，使用广角镜头；拍摄远景时，使用长焦镜头。

4. 摄影师也可以平移照相机，就像电影摄影机一样，在快门打开的状态下缓慢移动照相机。在平移的时候，你可以让照相机的快门打开更长时间，因为这个动作会让照相机兴趣更持久。你也可以垂直移动镜头——例如，从一棵树的底部开始，沿着树干慢慢将镜头移动到最高的树枝。

5. 在参与者扮演完两个角色后，每个人都可以"冲洗"（从记忆中提取）一张他扮演照相机时拍到的照片。然后，请每个照相机将他冲洗出来的照片与伙伴们分享。

与儿童一起玩"照相机"游戏的指导原则

12岁以下的儿童通常应该与成年人或成熟的青少年配对。年幼的孩子没有足够的意识去安全引导另一个孩子。不过，让年幼的孩子引导父母或祖父母是可以的。在这种情况下，成人照相机可以时不时偷看一下。

如果孩子们要互相带领，最好先让他们蒙上眼睛围成一个小圈，然后把有趣的自然物品传给对方。像"蒙眼毛毛虫"和"蒙眼探险"活动可以让孩子们在蒙眼行走时更加自如，一旦孩子们能够闭着眼睛自如地行走，他们就会准备好并热衷于玩"照相机"游戏。

为了确保安全，你可以让照相机站在摄影师的身后，双手搭在摄影师的肩膀上。当摄影师开始行走时，照相机紧随其后，这样可以避开低矮的树枝和其他障碍物。使用这种方法，成人引导员可以同时引导三四个儿童照相机。

引导员要明确告诉队员任何潜在的危险，如有毒植物、有害昆虫巢穴或动物洞穴。

> 看看大自然是多么心甘情愿地在摄影师的底片上展现自己。世上没有任何化学药剂比人类的灵魂更敏感。
>
> ——约翰·缪尔

唤鸟

鸟类象征着自由和优雅，是地球上最可爱的动物之一。让人们对鸟类产生兴趣的最好方法，就是与鸟类近距离接触，或亲密邂逅。幸运的是，有一种简单易做的鸣叫，可以吸引小鸟靠近你。在咫尺之处，看到鸟儿在树枝间飞来飞去，真是一种神奇的体验。我的许多朋友和学生在使用这种叫声并亲眼见识其效果后，都成了终身的鸟类爱好者。不过，这种叫声的使用要慎重，尤其注意不要惊扰到珍稀鸟类或正在筑巢的鸟类。

唤鸟声由一个简单的"pssh"音组成，以缓慢而有规律的节奏重复 3~5 次：

pssh…… pssh…… pssh…… pssh

练习 3~5 组后，暂停，观察并倾听前来的鸟，然后重复。

鸟类学家称这种练习为"pishing"；他们还使用其他音节，如 pssst、sip 和 seep。试验一下，看看什么样的音节和节奏对你所在地区的鸟类最有效。因为鸟类要么反应迅速，要么根本不反应，如果它们没有立即做出反应，继续呼唤也不会有什么效果。

当你听到或看到附近有鸟时，请先站在树枝旁边，或坐在灌木附近，然后

吸引鸟类
- 白天/晚上，灌木丛/森林
- 1人或更多
- 5岁及以上
- 望远镜（可选带）

再开始唤鸟（这样的位置使鸟儿有机会降落在你的附近）。当鸟儿飞来时，不断重复"pssh"音让它们靠近。

很多次，有50只或更多的鸟儿回应了我的呼唤，有的还飞到了离我不到一米的地方。有一次，一只山雀从附近树上的巢穴中飞出来，落在了我的肩膀上。

关于"pssh"叫声能吸引鸟儿的原因，有几种说法。一种理论认为，"pssh"的叫声在音质上很像小型鸟类受打扰或被捕猎者入侵时，鸟类群体包围并驱赶捕食者发出的声音。这种反捕食者的行为被称为"围攻"。

有一次，我和7名童子军在内华达山脉目睹了一次戏剧性的"围攻"现象。当时我们正坐在一片低矮的赤杨树丛中，一只松貂（一种吃鸟的小黄鼠狼）窜到离我们不到2.5米的地方，停了下来，目不转睛地盯着我们。为了让松貂保持好奇，我发出了"pssh"的求救信号。不到一分钟，就有10只鸟像美国骑兵般迅速地飞过来——黄莺、绿鹃、山雀和金冠鹪鹩（jiāo liáo），并立即对入侵者发出了驱赶的叫声。

在使用"pssh"叫声的同时，你还可以播放角鸮尖叫声的录音（这种小型猫头鹰的食物包括昆虫、小型哺乳动物和鸟类）。曾经有多达75只鸟回应了这两种音的交互叫声。首先播放角鸮尖叫声的录音，暂停，然后发出"pssh"的叫声，持续20秒左右；你可以继续交替播放这两种叫声。"pssh"和角鸮尖叫声录音的混合声音能够刺激鸟儿对真正的猫头鹰发出驱赶。

共享自然音频资源CD中包含一段角鸮尖叫的录音，该录音也可通过 www.sharenature.org 上的"共享自然在线资源"获取。

由于角鸮的叫声非常有效，不宜在鸟类繁殖季节使用。

第 6 章 直接体验 | 143

神秘动物

自然史 / 绘画
- 白天 / 晚上,场地不限
- 3人或更多
- 5岁及以上
- 神秘动物图片、笔、索引卡

几年前,我在家附近的田野里闲逛时,看到了一只美丽的鸟,它和知更鸟差不多大,但更小、更瘦一些。我从未见过如此奇特的鸟。它的头部和背部是黑色的,眼睛是红色的,两侧是栗色的,腹部是白色的。它的背部和翅膀上布满了耀眼的白色斑点。当它飞翔时,就像棕、白、黑三色交相辉映的一道闪电。我不知道谁能告诉我这只鸟的名字,也没有鸟类专家训练有素的眼睛,无法在鸟类图鉴的数百张图片中找到它的照片。

连续两周,我每天都出去观察这些鸟。我发现它们在地上觅食,叼起树叶和树枝,寻找种子和昆虫。它们在树叶上用力抓挠,制造的噪声比鹿还大。它们发出颤动的叫声,还发出类似猫叫的"喵喵"声。对我来说,这些鸟既迷人又神秘。

我对这些鸟的兴趣在日后逐渐发展成一辈子的观鸟爱好。虽然当时无法快速找到问题的答案,但这让我明白,好奇心燃烧的时间越长,我们学到的就会越多。一切深奥的知识都源于神秘和启示。

顺便说一下,这种鸟是斑唧鹀(wú)。

神秘动物概述

在"神秘动物"游戏中,你需要让队员闭上眼睛,仔细聆听,你带领他们完成一段观想之旅。在你把他们带到目的地时，他们将观察并学习某种特定动物，但并不知道它的名字。在返回的路上，他们会尝试画出那种动物。在一片欢声笑语中，队员们互相展示他们千差万别的动物画。然后，你再向他们展示那种动物的照片。

队友们试图准确地画出神秘动物的过程，点燃了他们的好奇心；他们渴望一睹动物的真容。当队友们最终看到动物的照片时，他们会带着惊奇的眼光注视着这只动物身体形态的每一个细微差异。

"神秘动物"游戏让队友们能够以全新的视角来观察动物的外形，不受先入之见的影响。由于在这项活动中，注意力高度集中，队友们将会对动物留有深刻的印象。

阅读下面的"神秘动物"的描述。读完后，试着把它画出来。

神秘动物

你现在身处地球上最后一片未被人类探索的地方。查尔斯·达尔文称这里为"一个巨大、荒凉、生长繁茂的温室"。这里的温度通常超过 26.7℃，湿度达 80%，平均年降水量为 3962.4 毫米。由于生长条件优越,热带雨林中的生物种类比其他任何环境都要丰富。

抬头看看你头顶上的树木。茂密的林冠只允许5%的阳光照射到地面,所以森林地面的覆盖物相对较少。当你漫步在森林中时,你会看到许多新奇、迷人的植物,听到野性的大合唱,尖叫的、低吟的、甚至啼哭声。你问自己:"这些奇怪声音的主人到底是谁呢?猴子、鸟、青蛙,还是昆虫?"

抬起头,你可以看到高高的树枝上有东西在动。它看起来像是一堆枯叶或发霉的真菌,或许是白蚁的巢穴。但是,等等——它又动了!用望远镜仔细看。它是一种动物——长着又长又粗的毛发和长长的四肢。它大约有0.6米长、6.3千克重。圆圆的脑袋并不比脖子大,你也看不见它的耳朵。你很难分辨哪头是前面,哪头是后面,因为你看不到尾巴。啊哈!它的脸转向了你。仔细看。它的脸又扁又白,嘴角永远带着微笑。

这种动物并不以速度而闻名,事实上,它移动起来的场景就像正在播放的一部慢动作电影画面。它现在开始移动了,真是非常缓慢——每次只移动一条腿。看它慢慢伸向离它最近的树枝。它就快抓住了。(停顿)抓住了!现在看它的另一条腿开始移动。它可能需要半分钟才能把腿移动几厘米。

一位母亲要带着它的宝宝快速走到4.6米外,结果它花了一个多小时才走完这段距离。行动缓慢是这种动物最大的保护工具,因为缓慢使它的主要敌人美洲虎和鹰鹞很难发现它。它在树上的最高速度比每小时1.6千米多一点,但在陆地上,移动速度只有在树上最高速度的1/10(约每小时160米);因为它的腿无法支撑自己的

体重，它必须在地上拖着自己走。它不经常从树上下来，只有在分娩和排便时才下来。排便的频率也很低，每七八天才一次。

一位科学家开玩笑说，有些人会认为这种动物拥有最理想的生活。在对这种动物进行了一周的观察后，他报告了这种动物的生活情况：

- 11 小时进食
- 18 小时缓慢移动
- 10 小时休息
- 129 小时睡觉

它每天有 18 个小时在睡觉①。它的新陈代谢非常缓慢，以至于它可以在水下屏息长达 30 分钟。

这种动物不会花太多时间在个人卫生上。在其中一只的皮毛

---

① 最近的研究表明，这种动物的睡眠时间比科学家原先的估计少一些。

中发现了 978 只甲虫，分为 4 种；还有 9 种飞蛾、6 种蜱虫和多种螨虫，也在它的毛发中快乐地生活着。

在雨季，它毛发中的藻类生长旺盛，因此它的毛发呈绿色，起到了伪装作用。毛毛虫以它发霉的毛发为食，化蛹后继续在它的皮毛中生活，成为成虫。

这种森林居民是如此原始和迟钝，以至于你会好奇它是如何生存下来的。它的成功得益于它的惰性、保护色、主要在夜间觅食的习性，以及 23 对肋骨、厚厚的皮毛和坚韧的皮肤，所有这些都保护着它的内脏器官。

我们的动物正在做它最擅长的事情：睡觉。让我们最后再看看它倒挂在树枝上的样子。请注意：它有长长的四肢，每肢上都有 3 个又长又弯的爪子；没有明显的脖子、尾巴或耳朵；头部呈球状，苍白的、带微笑的脸；粗长的毛发从脊背上垂下来。

现在你的观想旅程结束了，你已经回到家了。请睁开眼睛，画下这只动物。然后将你的画与附录 C 上的神秘动物图片进行对比。

如何玩并创建自己的"神秘动物"

1. 选择一种行为有趣、体貌特征显著的动物。如果你选择的是一种大家熟悉的动物，可以通过分享一些鲜为人知的信息让它显得奇特，就像下面的例子一样：
    - 每个后代都有成千上万的兄弟姐妹；
    - 它能同时看到前方、侧方、上方，还能稍微往后看；
    - 它通过皮肤呼吸 50% 的空气，并完全通过皮肤来喝水。

    （这种动物是青蛙。）

2. 用感性词语生动描绘它所处的环境。例如，如果该动物生活在热带雨林中，你可以提森林茂密和黑暗。
3. 为了吸引听众的注意力，描述要生动、简洁。
4. 在理想情况下，记住脚本的几个关键部分，即兴讲述其余的内容，让它有可视的画面感。
5. 如果队友对自己的绘画能力感到难为情，可以在自己的绘画作品上签上他人的名字，把功劳让给别人！
6. 当队员们画完后，告诉他们："现在是我们的'科学研讨会'时间。我希望每位'科学家'与至少其他 4 位'科学家'分享他的田野报告（神秘动物绘画）。"队员们仔细观察彼此的画作时，总是笑声不断。

7. 询问队员们是否想看动物的照片，然后展示神秘动物的图片。队员们的热情会让你大吃一惊。他们神采奕奕，全神贯注地在图片上寻找你提到的、他们的画中包含的细节。

儿童版

你可以展示 5 种不同动物的图片，让孩子们选择你描述的是哪种动物，而不是让五六岁的孩子画出神秘动物。

这个游戏非常适合动物园户外观察。在带孩子们去看动物之前，与他们分享"神秘动物"的故事，让他们看看能否在动物园里认出这种动物。看着年幼的孩子们仔细地观察每一种动物，试图确定它是否就是"神秘动物"，真是一件很令人感动的事情。为了让孩子们全程都参与进来，你可以把"神秘动物"安排在路线的最后再出现。

附录 C

这种神秘动物是三趾树懒，生活在中美洲和南美洲的热带雨林中。它的图像请见第 218 页附录 C。

邂逅一棵树

欣赏森林 / 感官觉察 / 同理心
- 白天，森林
- 2 人或更多
- 4 岁及以上
- 眼罩

佛陀说，树木有无限的仁慈和仁爱，能提升人类的心灵。科学研究表明，树木能使人平静，并提供精神上和创造性的灵感。

"邂逅一棵树"游戏以一种令人难忘的方式将我们与树联结在一起。游戏开始时，将团队成员分成两人一组，其中一位戴上眼罩，另一位可以正常看见的队员（成人）是引导者。引导者把蒙眼队员带到某棵特别的树前。跟这棵树邂逅时，蒙眼队员先去感受树皮的纹理，用手臂环抱树身来感受树围的大小，并探索树的枝干和枝叶。引导者可以默默地将蒙眼者的手放在树上或周围有趣的地方。

日本的一位共享自然领导者经常对孩子们说："在这片森林里，有一棵树从你出生起，就一直在等待与你见面。"孩子们被这句话感动了，他们感到很荣幸，也很渴望见到自己的那棵树。

在熟悉完自己的那棵树之后，蒙眼者被带回起点，摘下眼罩。接着，他会试图再找到自己的那棵

第 6 章 直接体验 | 151

树。大多数成人和儿童（除了非常年幼的孩子）在蒙上眼睛走了差不多 27 米或更远的距离后，都能再找回自己的那棵树。不过，引导员应该根据队员的年龄、行动能力和在大自然中辨别方向的能力来调整距离。

当儿童和成人认出自己的树时，脸上都会立刻洋溢出喜悦的笑容——就好像两个亲密的朋友重逢了一样。

12 岁以下的儿童最好与成人配成一组。年幼的孩子可能也想指导他们的成年朋友：如果是这样，为了安全起见，成人可以在需要的时候偷看一下。

蒙眼毛毛虫

> 感官觉察、惊奇感
> · 白天，场地不限
> · 2~4 人
> · 10 岁及以上
> · 眼罩

蒙眼活动可以通过唤醒感官来提高觉察力。你可以用"蒙眼毛毛虫"游戏帮助团队小心翼翼地穿越神奇的区域，如阳光照耀、充满鸟语花香的林间空地，或者用来提高对壮丽景色的觉察。例如，我曾帮助一个团队用"蒙眼毛毛虫"游戏与美国大峡谷第一次相见。

让孩子们排成一列，每列 2~4 人。（"毛毛虫"如果超过 4 个"节"，就太笨重了。）"毛毛虫"的每一"节"都要蒙上眼睛，让每个孩子把手放在前面孩子的肩膀上。

让一名成人引导员或成熟的青少年带队。引导员应该鼓励被蒙住眼睛的毛毛虫队员通过耳朵和手感知周围的环境。经常停下来，让他们感受不同寻常的树木、岩石，或者闻闻有香味的灌木丛。因为多变的路线是最吸引人的，所以在规划路线时要考虑到特别有趣的事物，例如，穿过郁郁葱葱的峡谷或松软的沼泽时，会有向上流动的风。

走到终点时，摘下眼罩，让孩子们欣赏壮丽的景色。在回去之前，我有时会让孩子们画一张他们所走路径的感官地图。这张地图可以包括各种感官体验——气味、声音、走过的湿润草地或在巨石上行走的感觉。然后，我让大家利用这些感官线索作为路标，找到回家的路。

探索大地之心

海伦是我的共享自然工作坊的一位学员,她给我讲述了她在肯尼亚观鸟之旅的一个有趣故事。当时她和几个朋友正站在一个十字路口,当地马赛部落的 5 个人走了过来,海伦想问他们附近是否生活着某种鸟,但她不会说他们的语言。

她翻开了她的鸟类书籍,给马赛人看了一张她想看的鸟的照片。马赛人笑了笑,开始模仿鸟的行为,并指了指可以找到这种鸟的地方。观鸟者们为有这样知识渊博的向导感到兴奋不已,又给马赛人看了几张图片。马赛人模仿了每只鸟的习性,并指出它们可能在的位置。海伦对马赛人如此了解当地的鸟类感到惊讶。

然后,马赛人在没有展示图片的情况下,表演了他们自己选择的一种鸟。现在轮到观鸟者们展示他们对非洲鸟类的认识了。海伦翻遍了书,直到找到了她认为马赛人正在模仿的那只鸟。5 张欣喜的笑脸告诉海伦,她猜对了。

原住民对环境的深入了解来自他们与自然紧密、亲近的关系。"探索大地之心"游戏有机会让我们沉浸在一个特殊的自然景观中——倾听大地的声音,充分融入当地居民的生活。

下面的练习来自《探索大地之心》(*Journey to the Heart of Nature*)这本书的"探索者指南",这些练习可以聚焦并强化我们对自然景观的体验。

在这项活动中，每个探险者都要找到自己特别喜欢的户外场所。在拜访过程中（约25分钟），要为这个特别的场所起一个名字，并把它写在一张卡片上。之后，他将用这张卡片邀请一位朋友到他的地方，他也将去拜访朋友的场所。

邀请您前来探索：**巨人森林**
您的向导：**约瑟夫**

探险者们知道他们稍后要邀请一位客人并分享他们的发现，因此他们会全神贯注地投入到"探索大地之心"的体验中。对探险者来说，分享这个独特的地点，是这个活动的一大亮点，同时它也是建立人与人联结的奇妙方式。

引导员先选择一片有多种天然栖息地的安全区域。然后告诉所有队员，在这片安全区域中去寻找一个特别的地方，并要求所有人在同一时间返回。如果你带领的是年龄较小的儿童或不熟悉户外活动的成人，则应选择一片有天然边界的区域，这样你就可以看到每一个人。

> 探索 / 自然觉察 / 反思
> · 白天，自然区域
> · 2人或更多
> · 10岁及以上
> · 每人1本探索者指南、笔、书写板、邀请卡

接着，引导员分发探险者指南、笔、书写板和邀请卡，并简要解释探险者指南中的活动，然后让每个人出发去寻找自己的区域。

到约定时间，引导员再召集大家回来。

分享你的秘密花园

让一半的参与者将邀请卡放进引导员的帽子里，让另一半还有邀请卡的参与者从帽子里抽一张，与抽到的卡片的主人配对成组。比方说，莎莉抽到了乔治的卡片，莎莉留下乔治的邀请卡，同时把自己的邀请卡给乔治。通过交换卡片，莎莉和乔治互相邀请对方到自己的秘密花园。给每组15~20分钟的时间去分享各自的秘密花园。

然后，引导员召集所有成员，逐个讨论探险者指南中的练习内容：让队员与大家分享他们的秘密花园的名字、图画、诗，以及任何给他们带来灵感的内容。

探险者指南

由于你没有足够时间去完成每一项练习,因此请选择你最感兴趣、最能让你沉醉于秘密花园的练习。

第一印象

选好这个特定地方后,花点时间四处逛逛,看看附近有什么。选择一个能让你感到舒服、能好好感受这个秘密花园的位置,并回答这些问题:

1. 在我的秘密花园,我首先注意到的是什么?
2. 我喜欢这里的什么?

你听到了什么?

聆听周围的"交响曲"。将注意力集中在远处的声音,然后逐渐将注意力转移到近处的声音。

你能听到树木随风歌唱的声音吗?看看你能否分辨出一棵树在唱什么歌,并把它描述出来。

你能分辨出5种不同的声音,并描述是谁或什么在发出这些声音吗?

1._____
2._____
3._____
4._____
5._____

邀请卡

为这个特别的地方取个名字。

我的秘密花园的名字是:＿＿＿＿＿＿＿＿＿＿＿＿＿＿

在卡片上填写你的姓名和你的秘密花园的名字。

画出你眼中最美的风景

找到你在秘密花园中最喜欢的风景,把它画下来。将你的画作拿给你的访客看,然后让他们试着找到这处风景。

分享让你会心一笑的事情

＿＿＿＿＿＿＿＿＿＿＿＿＿＿

＿＿＿＿＿＿＿＿＿＿＿＿＿＿

写一首藏头诗(请参阅下一页,以了解这项受欢迎的练习)

＿＿＿＿＿＿＿＿＿＿＿＿＿＿

＿＿＿＿＿＿＿＿＿＿＿＿＿＿

资源

若想获取探险者指南的完整讲义(以便复印),请访问共享自然线上资源网站 www.sharenature.org。

藏头诗

藏头诗是"探索大地之心"游戏中探险者指南的热门选项。它也可以单独作为团队的联谊活动使用。

练习"藏头诗"时,首先要观察令你着迷的事物——也许是一片花田,或是一处僻静的海湾。注意它对你的影响,选择一个能抓住你感觉的单词。用这个单词的每个字母作为每行诗的开头。

藏头诗的结构简单,非常容易写。在成功想出诗句后,有人

对我感叹道:"我已经40年没写过诗了!"

在中国台湾,我曾经带领80多人沿着一条陡峭、狭窄的山路,下到一处绝美的峡谷。山路和峡谷的空间都非常局促,以至于我无法把大家聚在一起。"藏头诗"活动最适合在这种环境下进行。在峡谷深处,80个人沉浸在峡谷风光中,创作了他们的藏头诗。爬出峡谷后,许多队员都向大家朗读了自己的诗作——每首诗都美妙地呈现了我们对峡谷的共同体验。

创作一首藏头诗能让整个团队安静下来,让人们活在当下、沉浸在周围的环境中。

下面这首藏头诗,是在加利福尼亚州北部的一片森林中写成的。把每一行的首字母连起来便是英语单词 forest(森林)。

> 反思/自我表达
> - 白天/晚上,室内或室外
> - 1人或更多
> - 11岁及以上
> - 纸、笔、书写板

Fragrances of oak and pine	橡树和松树的芬芳
Open up the heart and mind.	打开了我们的心扉和思想。
Remain still awhile and listen:	暂且静静地细细聆听,
Everywhere is Nature's song—	到处都是大自然的歌声。
Sometimes as silent as a leaf falling;	有时如落叶般静谧,
Time is suspended.	时光因此而停留。

——汤姆

藏头诗练习

写下你选择的单词,每行一个字母。再以每个字母作为每行诗的开始。(编者注:中文版读者可用中文诗句作为藏头诗每行诗的第一个字,如"霜叶红于二月花"。)

霜_____

叶_____

红_____

于_____

二_____

月_____

花_____

日落观察

天文学 / 野生动物 / 宁静
- 日落时，适宜观看日落之地
- 1 人或更多
- 9 岁及以上
- 笔记本、铅笔、手电筒

　　日落时分的绚丽色彩掀开了黄昏和傍晚的神奇序幕。在此期间，安静的观察者可以观察到许多奇妙的变化和事件。虽然我们每天都会经历从白天到黑夜的转变，但这种自我引导的观察练习还是令人沉醉其中。

　　下面是一份日落的事件清单，可以发给每位队员。请引导员在日落前 15 分钟将团队带到观赏地点，日落后，停留多久都可以。

　　你能看到什么，将取决于所在的地区和时节。下面的列表提供了几乎所有地方都会出现的现象。按照事件发生的顺序进行标注。例如，如果你首先注意到在白天很活跃的鸟儿们安静了下来，你可以在"在白天活动的鸟"旁边写上"1"。如果稍后听到猫头

鹰或其他夜间活动鸟类的叫声,就在"猫头鹰的叫声"旁边写上"2",以此类推。如果某个事件在持续不断地变化,比如云朵色彩变幻,你可以为该事件写下多个数字来记录其变化——例如,"5"和"8"代表云彩变色。不用担心标注遗漏或顺序不准确。只需在观察到的事件旁边写上数字即可。

由于每个地点都是独一无二的,你可能会看到列表中没有列举的事件。例如,你可能会看到一群鸟儿聚集在树上,或者一只哺乳动物开始夜间漫步,鱼儿跃出水面捕食飞虫,或者青蛙们在合奏。请在"其他事件"栏中写下清单上没有的事件。

记得要朝四面八方观看,不仅仅是观赏太阳落山的西边天空。带上手电筒,以便在黑暗中照亮回家的路。

关于星星和夜间观察的有趣事实

- 你知道吗？其实你的夜间观察能力比熊还强，几乎和猫一样强。被人造光照射后，我们的眼睛需要 45 分钟才能完全恢复夜间视力。因此，我们很少体验到夜间视力的全部威力。
- 人类已知存在的星星有数十亿颗。如果我们在一个晴朗无月的夜晚观测夜空，我们可能会看到大约两千颗星星。
- 光的传播速度约为每秒 30 万千米。然而，有些星星距离我们非常遥远，以至于它们的光线需要数百年、数千年甚至数百万年才能到达我们这里。当你看到一颗星星时，你看到的可能是一束在几百年前就开始了漫长旅程的光芒。
- 看星星时，我们是在回望过去——在看很久以前的宇宙。

日落观察

地点：_____ 日期：_____

____第一颗行星或恒星。

____拉长的影子。

____蝙蝠飞舞。

____东边的一切都被光辉照亮。

____西边的远景失去了白昼的色彩。

____在白天活跃的鸟儿安静了下来。

____山峦的色彩变了。（请描述）_____

____除了西边，天空都暗了。

____猫头鹰或其他夜间活动的鸟类开始鸣叫或飞行。

____开始看到篝火、车灯或房屋的灯光。

____云彩一直在变幻。（请描述）_____

____太阳落到地平线以下。

____在你所在之处，不同的影子交叠在一起。

____夜间的昆虫变得活跃起来。

____东边的山峦完全被夜的黑影笼罩。

____天空变成柔和的粉色或紫罗兰色（日落后）。

____月亮出现或越发皎洁。

____云彩不再可见。

____北极星、小熊星座或南十字星座出现。

____气温降低。

____风速或风向改变。

____第一颗流星或陨星出现。

____其他事件：记录并编号你注意到的任何其他事件（例如看到卫星、听到狼或土狼的嚎叫）。_____

蒙眼游戏

温暖的阳光、独鸟的啼鸣、空气中飘散着的野花香味——只要我们善于接受并保持觉察,所有这些都能深深地触动我们。我们通过身体感官来感知周围的世界。

多年前,一位来自俄亥俄州一家户外教育中心的自然学家,带领一群孩子进行了一次特殊的远足活动。我参加了那天的活动,至今仍对那次愉快的远足记忆犹新。

我们要去俄亥俄州南部为数不多的松树林之一。大多数孩子以前从未到过针叶林。他们都很兴奋,自然学家引导员熟练又巧妙地顺导着孩子们高昂的能量状态,创造了一次动人的森林体验。

她首先带领我们到了一家圣诞树农场,在那里,她兴致勃勃地挥舞着手臂,眼神闪烁地宣布:"这里是松树林。"叹气声和拖沓的脚步声证明了大家的失望——

第6章 直接体验 | 167

这些树几乎还没有孩子们高。

然后,她蒙住每个人的眼睛,带领我们来到一片阳光明媚的落叶林,在那里,我们享受着树叶沙沙作响和鸟儿叽叽喳喳。当我们听到溪水溅起的声音时,她说:"这里有一座狭窄的桥,你们必须一个一个地过。"第一个孩子勇敢地走过去了,然后紧张又兴奋地尖叫着笑起来。其他人不安地等待着,不知道前方将会发生什么。

轮到我时,我摸索着前进,小心翼翼地踏出了上桥的第一步。啊哈!难怪尖叫声会此起彼伏——因为桥身在晃晃悠悠地左右摇摆,同时又上下颠簸。在绳索和木头发出的嘎吱嘎吱声中,我听到桥下传来哗哗的流水声。

在桥的另一端,迎接我的是一双双小手;自然学家和她的助手让孩子们摘下眼罩,看着我过桥。我摘下自己的眼罩,看到了一座坚固的吊桥,桥上的扶手因经常使用而被磨得锃亮。

我们戴上眼罩,再次踏上了山路。很快,我们的脚步声发生了变化:我们听到的不再是脚踩落叶的噼啪声,而是轻柔、低沉的嘎吱声。接着,一团黑色的阴影包围了我们,我们感觉到了深深的宁静。一个孩子的声音打破了宁静:"我们在哪里?"

自然学家说:"躺下吧,感受这里有什么特别之处。"

一时间,我们享受着这宁静、祥和的氛围。然后,自然学家让我们摘下眼罩。无数棵高耸入云的松树直冲云霄。我的精神也随着松树振奋起来,我对自然学家为我们每个人创造如此戏剧性体验所具备的智慧感到无比钦佩——我从未被森林如此打动过。孩子们也惊呆了。最后,我们坐了起来,静静地分享着我们体验到的惊奇。之后，我们自然而然地在森林里漫步，抚摸着树木，凝视着这座"森林大教堂"。

蒙眼活动在唤醒和提振我们的思维和感官方面具有独特的力量。因为视觉是我们的主导感官，当视觉被屏蔽时，我们其他感官的感知力会随之增强。我们的感官觉察越敏锐，就越能感受到生命的活力。

蒙眼行走

感官觉察 / 信任
- 白天，场地不限
- 2人或更多
- 7岁及以上
- 眼罩

"蒙眼行走"是一项简单却意义深刻的活动。引导员带领蒙着眼睛的队员，沿着一条充满感官刺激的路线前行，例如铺有碎石的海滩、穹庐般的原始橡树林、长满蕨类植物的峡谷或多风的山脊。当你和同伴来到自然中特别有趣的地方时，引导员会带领伙伴通过触摸、倾听和嗅觉去体验它。在大量感官印象的影响下，他们的思绪会平静下来，从而能够更加鲜活地体验生命。

游戏时，两人一组，确保每组都有一名可信赖的队员。年幼的儿童和青少年可与成人或成熟的青少年引导者配对。向队员们解释，蒙眼队员的安全要完全依靠引导者来保护。告诉引导者们，他们就是伙伴的眼睛。

引导员向各小组的引导者示范如何舒适地引导蒙眼队员：站在他旁边，握住他的手，弯曲手肘，将他的前臂牢牢地夹在腰部和手肘之间。这个姿势可以让引导者紧靠着蒙眼队员，轻轻拉着他往前走。引导者应该仔细观察圆木头、岩石、低矮的树枝和其他危险物。

定点蒙眼探索

> 探索 / 定向运动 / 感官觉察
> - 白天，不限场地
> - 2人或以上
> - 10岁及以上
> - 眼罩

在"定点蒙眼探索"游戏中，引导员带领蒙眼队员前往户外某个独一无二的地方。可能是一处有独特巨石和树木的地方，或者是长满青苔岩石的溪流边。（蒙眼队员能够舒适、安全地探索这个地方）。队员可以感受到附近岩石和植物的纹理和形状，感受到阳光和风的存在，并倾听周围的声音。在离开该地点之前，引导员可以请蒙眼队员想象这里的模样，激发他的想象力和记忆力。然后，引导员带领他的伙伴回到起点，摘下眼罩，要求他的伙伴通过感官记忆找回这个地方。

当蒙眼伙伴探索那个特殊地点，在路途上来来回回地寻找时，引导员要鼓励队员们保持安静。告诉队员们："戴上眼罩时越专注，睁开眼睛时就越容易找到自己的那个地点。"

在进行"定点蒙眼探索"活动之前，引导员要确保游戏区域没有有毒植物、有毒昆虫和其他危险物。

第6章 直接体验 | 171

蒙眼探险

感官觉察 / 信任
- 白天，场地不限
- 2人或以上
- 9岁及以上
- 绳索、眼罩

运用想象力和一根约36~55米长的绳子，你就能为他人创造一段奇妙的探险旅程。寻找一片包含各种迷人、有趣景物的开阔区域，如古老的树木、布满地衣的巨石、倒下的原木以及不同的微气候等。选择一条能将场地中最精彩的自然景观连接起来的路径。将绳子沿路绑好，用于引导蒙眼队员行走。确保这个区域没有任何有毒植物、昆虫巢穴或可能藏有蛇的岩石缝隙。

城市公园也可以很好地开展"蒙眼探险"活动。闭目行走可以强化感官，即使是简单的路径也会让人着迷。

活动开始前，引导员先选择一棵结实的树，将绳子的一端系在树上，高度与队员的平均腰高相当。然后决定蒙眼队员走在绳子的左边还是右边。确保所选的一侧没有低矮的树枝、石头和其他障碍物。

时不时改变绳子的高度，例如，让它从岩石或圆木下面穿过，这样就能迫使队员去探索地面上的物体。为了保持绳子绷紧，每隔一段距离就把绳子系在一棵结实的树上或其他稳定的物体上。绷紧的绳子可以保护蒙眼队员，防止他们游走到预定路线之外，防止撞到树木或其他障碍物。如果绳子在某些地方沿着地面走，可以用帐篷钉将绳子固定好，并拉紧绳子。

有些队员会沿着"蒙眼探险"路径慢慢地走，仔细触摸并感受触手可及的一切。然而，躁动不安的孩子们可能会争先恐后地快速走完全程。你可以将绳子绕到树干上，或将绳子穿过树的主叉，从而延长他们的探索时间，帮助他们体验更多。沿着路径放置形状和纹理独特的自然物体，比如鹿角或长满苔藓的岩石，会增加探索时的多样性和趣味性。

引导员可以在"蒙眼探险"游戏中创造一段较长且平静的路段，让队员可以安静地行走，感受阳光的温暖，聆听鸟儿的鸣叫，感受脚下的土地，倾听风儿在林中歌唱。

"蒙眼探险"游戏的建议

- 选择 4 名或更多负责任的助手来协助"蒙眼探险"活动的流程，确保队员的安全。在路径终点和起点各安排一名助手。安排两名或两名以上的助手作为观察员，在必要时协助蒙眼探险的队员。

- 为了避免队员事先看到系有绳索的路径，请将队伍集合在离探险路径稍远的地方。

- 先玩一个安静的活动或讲一个平静的故事，为"蒙眼探险"活动营造一个轻松愉快的氛围。

- 使用"蒙眼毛毛虫"活动（参见第 153 页）走路的方法，一次带领 4 名蒙眼队员到达蒙眼探险的起点。

- 如果你想让队员走在绳子的左侧，可以让一名助手把队员的右手放在绳子上，告诉他从始至终都走在绳子的左侧。引导员可以鼓励队员在蒙眼探险时尽可能多地探索和体验。在队员开始走绳索路径后，引导员应等 20~30 秒后再让下一个队员开始走，以便给每个队员周围创造一个安静的空间。

- 队员走完全程后，让他安静地坐下来，观察其他还在蒙眼探险的队员，或是担任观察员。当所有参与者都蒙眼走完路径后，引导员带领大家回到起点、再走一遍——现在是睁眼走。

引导观想

传说，亚瑟王少年时代的导师梅林是一位伟大的魔法师。梅林知道，大自然能够给生命赐予最好的教导。他利用他的魔法将亚瑟变成了各种动物——鱼、鹰、蚂蚁、鹅和獾——这样他就可以像每种动物一样体验重要的生命课程。

"引导观想"活动是进入另一种生命形式本质的奇妙通道。在我们的心灵中，直觉体验另一种生命形式，我们更能体会与欣赏各种生命形式的独特天赋。

当你创造自己的引导观想时，请记住，你的听众越是深深地沉浸在这些观想中，他们就越能清晰地记住细节。为了让你的故事更加生动、清晰，请选择与身体感官相关的词汇和短语。当你讲述的故事充满了丰富的视觉、听觉、味觉等感觉时，你编织在故事中的信息就会被长久地保留下来。在叙述过程中，要留出充足的时间，让听众的想象力吸收每一幕的全部信息。在适当的背景音乐中讲述故事，有助于强化气氛[1]。

为了达到真正的效果，你的观想应该具有辽阔的品质，能将

---

[1] 在"树的观想"这个引导观想活动中，我喜欢播放以下音乐：贝多芬（Beethoven）的《第六交响曲》"田园"（*Pastoral Symphony No.6*）、维瓦尔第（Vivaldi）的《四季》（*The Four Seasons*）以及帕赫贝尔（Pachelbel）的《D大调卡农》（*Canon in D*）。

听众带入崇高的思想和理想的境界。

大多数科学家对"拟人论"（赋予神、动物或其他事物以人的特点）避而远之，他们认为树木缺乏自我意识。另一方面，许多诗人将人类的情感赋予树木。比两者孰对孰错更重要的是，当人类"变成"一棵树，经历树木所经历的生命体验后，他们会有怎样的感受？

在接下来的观想中，队员将自己想象成一棵落叶树。叙述者描述了这棵树的树根和树枝如何从树干延伸而出，深入地下，直插云霄。一棵成熟的树为无数动植物提供了庇护。树木可以缓和极端的季节性温度变化，为所有森林居民创造一个更有利的环境。事实上，一棵树可以支持和滋养整个生命群落。像一棵树那样生活，是一种奇妙的体验，可以拓宽我们的同情心，拓展我们的自我感。

在计划一次引导观想活动时，可以先问问自己可以从哪种特定的植物、动物或自然现象中学到哪些经验或品质。然后在你的观想中，注意将这些品质特别体现出来。

我特别欣赏树木的一种品质，就是它们的内在力量。树木无法逃避环境，它们必须牢固地扎根、坚定地挺立，直面冬天的暴风雪。它们忍耐着狂风、闪电和其他危险，牢牢扎根在大地里的根系让它们岿然不动。在"树的观想"活动中，人们可以感受到站稳脚跟、承受逆境、从深深扎进泥土的根中汲取力量的感觉。这个类比对人类的生活很有启发，因为队员们学会的不仅是不被考验和磨难击倒，还会学到向内求，向内心深处寻求内在的力量。

树的观想

"树的观想"可能是本书介绍的活动中能最有效地传递生态意识和生态伦理的活动。看到队员们"成为"一棵树,完全沉浸在森林的生活中,自然美好地表现出仁慈、喜乐、和谐的崇高品质,真是令人十分感动。

这项活动可以在室内或户外进行。在户外时,尽量选择在一棵大阔叶树下的空地进行。

让队员们闭着眼睛,站在离你足够近的地方,这样他们才能更容易听到你的声音。给每个人的周围都留出一点空间。告诉大家,他们将体验一棵阔叶树一年的生活。

在你讲述故事时，队员们可以选择像树枝一样举起手臂，或者只是想象自己的树枝高高举起的样子。对于年龄较小的孩子，举高树枝（他们的手臂）有助于疏导他们焦躁不安的情绪。

你可以阅读下面的观想内容，也可以以此作为框架创建自己的观想。对于年龄较小的孩子或注意力不集中的群体，可以通过省略次要事实、减少渲染气氛的描述来缩短叙述时间。你带领"树的观想"活动的技能，会随着你的每次带领而提升。

"树的观想"的叙述

开始时，请队员们站在一棵树下。闭上眼睛。

树木对地球上的生命非常重要。它们为世界提供了大量的氧

气。它们为所有森林生物提供食物、栖息地和幸福。它们温暖了冬季的空气,让夏季变得凉爽,创造了一个有利于所有森林生物健康生存的环境。树木激发了我们对美丽、力量和宁静的思考。

双脚分开,与肩同宽,感受你站立时的力量和稳定。想象你的前方、后方、左侧和右侧都有一片树林。在你所能看到的范围内,你被树木包围着。

感觉一条巨大的主根穿过你的双腿和双脚,深深地扎入大地。看着主根往下延伸一两米。感觉主根绕过岩石、穿越岩石,紧紧抓住大地深处的土地。

现在,就在表层土壤的下方,你的侧根开始向外延伸,范围不断扩大,从3米,延伸到9米多,甚至更远。在你的侧根顶端,有细小的根毛。感受你的根不断生长,覆盖你脚下的每一寸土壤。

在地下生长的你,与在地上生长的你一样多。感受你的根部

将你稳稳地支撑起来，你高耸入云，轻轻地前摇后摆。

　　想象你硕大的树干，看看它有多么大、多么圆。你的树皮是光滑的还是粗糙的？是浅色的还是深色的？将意识沿着树干往上走，越走越高，直到你的树枝开始分叉，向天空伸展。顺着树枝继续往上走，看着它们越长越细，直到看见树丫的最顶端。

　　你有什么样的叶子呢？是又大又尖的？还是又小又圆的？

　　现在是夏天，阳光和煦，白昼漫长。一阵微风吹过森林，轻轻地摇动着你的树枝。

　　伸展你的双臂，感受你所有的叶子都在接受阳光的照耀。感受你的叶子将阳光和空气转化为生命能量。将你从阳光中获得的养分带入你的叶子中，并传递给树的其他部分。感受你制造的食物顺着树枝，传递给树干，输送到树根。

用你的细小根毛从土壤深处汲取水分。感受水分汇聚成细流，聚集成河流，沿着树干向上涌动，越奔越高，穿过枝条和树叶，流向大气。继续从阳光中汲取养分——感受阳光流过你的身体。把大地的水分奉献给天空，让周围的空气都充满水气。

到了秋天——白天变短，阳光也不那么强烈了。你的生命进程放缓，也不再制造食物了。天气变得凉爽，树叶中的汁液从树枝流向树干，再流向地下的树根。你把食物储存在这里，为来年春天的生长提供养分。

当树液离开树叶后，叶子的色彩变得鲜艳起来。你的叶子是什么颜色的呢？红色、黄色、橙色，还是金色？观察你所有的树叶，全都挂在你的树枝上，绚丽多彩。再看看你周围的树木，它们都披上了炽烈如火的秋装。

乌云从地平线上翻滚而来,天空变得阴沉。阵阵狂风吹着你的树枝,雨滴噼噼啪啪地打在树叶上。猛烈的强风摇撼着整座森林,撕掉了你的许多树叶,把它们抛至地面。凝视这片森林的地面,它已被你的叶子和周围树木的树叶完全覆盖。

一场更大的风暴从海上袭来。听着它的怒吼在森林中肆虐回荡。强劲的阵风摇晃着树枝。你就像怒海中的一只船,被颠簸得摇来晃去。只有你粗大的主根和强壮的侧根让你牢牢地扎根于大地。

风渐渐地小了,暴风雨也平息了。你的树枝光秃秃的,地上铺满了金色、黄色和红色的叶子。最后的残叶一片又一片地脱落,轻轻地落在地上。气温骤降,大雪纷飞。你黝黑的轮廓在灰暗、阴沉的冬日天空的映衬下,显得格外醒目。

冬天的森林寂静无声，只能听到几只勇敢的鸟儿在鸣叫。许多鸟类和哺乳动物都已离开，前往更温暖的环境。你枯亡到只剩下1%的生命组织——剩下的一点点生命能量，气若游丝般藏在你的树皮里。

在日复一日的冬日里，你毫无生机地站在那里。但是，储存在小芽苞里的是来年的叶子和花朵，它们被一层蜡质鞘覆盖着、保护着，免受冬天湿寒的侵袭。现在，请蹲下来，变成一株小小的叶芽。你的外层可能结冰了，但你却安然无恙，就像襁褓中的婴儿一样，等待着白昼渐长的温暖来临。

随着时间一天天过去，太阳也一天天升高，将温暖重新洒向大地。当白昼变长、天气变暖的时候，储存在根部的汁液开始涌

上树干，到达枝梢，唤醒嫩绿的、充满生机的绿叶芽。

现在，慢慢地站起来，就像春天娇嫩的叶子般逐渐舒展开来。慢慢地，你变得又大又绿。向春天的阳光完全敞开，接受它赐予你的生命的光芒。你变成树的所有叶片，将你从太阳那里获得的能量和生命力收集起来，传递给整棵树。

春天是不可思议的新生和生长的季节。你99%的生命组织得以恢复。你的枝梢向上伸展。你的根系再次在泥土中蓬勃生长。你的上下两端都在生长，树干也稍稍长高长粗了一点。

你的新生为森林增添了无限生机。许多动物都回来了。鸟儿们落在你的枝头。请你伸出一根树枝，让歌唱的鸟儿落在上面。鲜花破土而出，小鹿和兔子在你下面吃草。

所有的森林生物都依赖你提供食物和栖息地——当然，还有满满的幸福感。约翰·缪尔说过："有一种本质的爱，在一切之上，在一切之下，在一切之中。"伸出你的树枝，拥抱整片森林。感受你们在共享同一个生命体，充满美好与和谐。

引导员旁白：

继续闭着眼睛，躺下。我将会朗诵一首关于一棵树的不同部分的诗。

根往下生长，
不断延伸，
穿过潮湿大地的深处。

向下，向下，
将我扎根于此。

睁开眼睛，看看这棵大树的树干，再看看树枝。

我的树干巨大又圆实，
魁梧、修长，
坚硬、柔软，
承载着生命。

我的枝条修长，
向空中伸展，

欣赏树 / 森林生物学 / 同理心
- 白天 / 晚上，不限场地（最好在阔叶树附近）
- 2人或更多
- 5岁及以上
- CD或MP3音乐和播放器（选带）

被风吹拂，
被阳光抚摸。

所有的森林生物，
寻求庇护，
在我之内，在我之下。

根深叶茂，
枝条高展，
我同时栖息于大地与天空，
活得顶天立地。

队员们仍躺在地面，凝视着穹庐般的树枝，引导员朗读以下引文：

> 我的心随着大自然的静谧而变得平静。
> ——哈兹拉特·伊纳亚特·汗（Hazrat Inayat Khan）

引导员继续旁白：

请森林里所有的"树"坐起来。想出三个词语或短句来描述你成为一棵树的体验。准备好后，请一个一个地大声说出来。

听队员们的分享，描述自己成为一棵树，体验四季变化，与其他森林生物互动，感受生命的能量在身体中流动，真是太美妙了。以下是参与者们经常分享的一些词汇：

坚韧不拔　喜悦　恢复活力　循环　滋养
平静　相互联结　和谐　力量　随变化而流动
完整　活力　疗愈

第7章
共享感悟

本章的活动可以促进团队成员将活动的共同体验和感受表达出来。通过歌曲、故事和艺术来赞颂大自然。

日落时分，我和一群人坐在能俯瞰群鸟飞翔的一片广阔的沼泽地前。我们久久地观赏着夕阳西下。当夕阳消失在地平线后，我们玩起了哑剧活动"独特时光"，来纪念和庆祝我们共同度过的这一天。

苏茜，一个 12 岁的女孩，走到堤坝的顶端，转向我们，双手高举头顶，手臂围成一个圈。

她微笑着，慢慢地退到堤坝的另一端。她用肢体完美演绎的日落美景，打动了每一个人，让我们难以忘怀我们共享的这一段美好时光。

第 7 章 共享感悟 | 189

独特时光

团队联结
- 白天／晚上，场地不限
- 10 人或更多
- 11 岁及以上
- 无需其他物料

在时间较长的活动中，团队成员经常会体验到与自然在一起的崇高时刻。"独特时光"活动将这些共同的——但往往是未被完全表达的记忆——激发出来，加深人们对自然和彼此的欣赏与感恩。

引导员将团队成员围成一个圆圈，让他们回想在一起时发生过哪些启迪心灵或好玩的事情。邀请那些愿意表演"独特时光"的志愿者上台——每位志愿者单独表演一个事件。

叮嘱大家，要以简单、安静的方式分享体验。表演完一个事件后，观众需安静地等待分享者解释他的表演。大家通常会不约而同地微笑或发出笑声，这表明这位分享者已无需再多解释了。引导员可以率先表演一个，以此来开始活动。

大家喜欢表演这样的事情：观察某种特别的动物，欣赏神奇的日出，结伴静走，以及与另一位队员共享有趣时刻。

自然反思

在大雾山国家公园森林深处的一座小岛上，一边是湍急的水流，一边是宁静的池塘———这是一个神奇的地方，非常适合开展"自然反思"活动。我们一行50人都沉浸在周围的美景中。有的人选择坐在溪流中的岩石上，有的人坐在树下凝视着池塘。每个人都很平静，全神贯注。

引导员请每个人挑选一张卡片，卡片上写着有助于专注觉察、启迪智慧的话语和自然冥想词。看到大家都如此真诚地从自然世界中汲取灵感，我感到非常温暖。尽管我们人数众多，但大家都沉浸在与大自然宁静交流的氛围中。后来，我们分享了各自的体验和感悟。"自然反思"活动可以用来延伸沉思的氛围，是鼓励队员之间进行深度分享的最佳方式。

进行"自然反思"活动前，引导员需要先收集一些启迪人心的名言警句，把它们写在卡片上，每张卡片一句话。每句话可以配上活动说明，以引导读者亲身体验大自然。避免使用抽象和理性的文字。你要帮助参与者进入他们自己的内心，而不只是用头脑。

你可以在我的著作《倾听自然》

沉思伟大自然学家的语录
- 白天/晚上，自然场域
- 1人或更多
- 15岁及以上
- 名言卡片

第7章 共享感悟 | 191

（*Listening to Nature*）和《来自天地的感动》中找到发人深省的语录。共享自然线上资源网站也有可下载的"自然反思"卡片。

以下是《倾听自然》中的语录和配套练习：

1.
在荒野中，我们不能把烦恼带在身上，否则将会失去快乐。

——西格德·奥尔森（Sigurd Olson）

有人曾问马克·吐温是否想去度假。他回答说："我很乐意，只要我不带马克·吐温那个家伙一起就好了。"就像马克·吐温一样，我们在户外休闲时也经常带着"那个家伙"。我们的问题、烦

恼和精神负担都会一直伴随着我们。当你走进大自然时，请把日常的计划和担忧抛之脑后。以这样的方式释放自己，才能体验到大自然让人焕发生机的力量。

2.
我的心随着大自然的静谧而变得平静。

——哈兹拉特·伊纳亚特·汗

找一个安静的地方，倾听周围的声音。也要倾听声音与声音之间的寂静。当你的思绪飘忽不定时，诵读上述话语有助于将你的思绪带回当下。

3.
圣洁的大地母亲，树木和所有大自然都是您思想和行为的见证人。

——美国温尼贝戈人（Winnebago）祈祷文

无形的精神通过大自然的各种形式变得有形。当你外出散步时，在心里重复这篇温尼贝戈人的祈祷文，表达对地球及其造物主的敬畏之情。当一只动物、一株植物、一块岩石或一幅美景吸引了你的注意力时，停下来，默默地为你感受到的喜悦和美丽向造物主致谢。

玩法： 找一个安静、迷人的地方，让每个队员都能独处。一个优美的环境会使语录表达的意蕴鲜活起来，唤醒团队所有成员的理想和情怀。将语录卡正面朝下，让每位队员选择一张卡片。

告诉大家，如果他们对所选的语录无法产生共鸣，可以再换一张。给大家 10 分钟的反思时间，然后围坐成一圈，分享各自对语录的体悟。

折叠诗

"折叠诗"活动美妙地捕捉了共享自然体验带来的灵感。这是北卡罗来纳州北部拓展训练学校① 初创的活动。

玩法：将团队分成每三四人一组，每组配备一支笔和一张纸。每组都要创作一首诗来表达他们的经历，如在荒野的一周、"树的观想"活动，或看到一种特殊动物。

以下是小组创作"折叠诗"活动的说明：

1. 队员 A 写下诗歌的第一行，然后将纸递给队员 B。
2. 队员 B 回应 A 的诗句，写下两行诗，折叠纸张，使队员 C 只能看到 B 写的两行诗的第二行。
3. 队员 C 对 B 写的诗句做出回应，再写两行诗。C 再折叠纸张，使 A 只能看到 C 写的两行诗的第二行。
4. 队员 A 根据 C 写的第二行诗句，写出诗歌的最后一行。

团队关系 / 反思
- 白天 / 晚上，场地不限
- 3 人或以上
- 10 岁及以上
- 笔、纸

---

① 信息来自拉里·克伦肖（Larry Crenshaw）和北卡罗来纳州拓展训练学校合著的《大地之书》(Earth Book)。

第 7 章 共享感悟

在写诗过程中，每位队员对这首诗都只有部分了解。但这个活动的奇妙之处在于——由于共同的团队经历——队员们创作的诗歌竟然具有神奇的连续性和生命力。

当所有小组都完成创作后（约10分钟），让每个小组朗读自己的诗歌。

队员 A、B 和 C 写的折叠诗

A _____
B _____

- - - - - - - - - - - - - 折线 - - - - - - - - - - - - -

B _____
C _____

- - - - - - - - - - - - - 折线 - - - - - - - - - - - - -

C _____
A _____

创作"折叠诗"的人数可以不受限制，只要将诗句传递给下一个人时，接手者都只能看到最后一行诗即可。最后，如上面示范，由开始写诗的人为诗收尾。

结伴静走

与自然同在 / 同理心

- 白天 / 日落时分，场地不限
- 2 人或更多
- 10 岁及以上
- 无需其他物料

  在"结伴静走"中，队员们安静地漫步在美丽的自然环境中。两三人一组，慢慢地、静静地走，与自然"奇迹"谈谈心。在这一活动中，他们体验到祥和，这能让他们向万物敞开心扉。

  一天傍晚，我和 12 位十几岁男孩在加利福尼亚州南部的一片山林里，经历了一次神奇的"结伴静走"。我们沿着一条可以俯瞰到莫哈韦大沙漠（Mojave Desert）的林间小道缓缓前行。在令人震慑的寂静中，虫鸣鸟叫声此起彼伏。当一位队员看到迷人或有趣的景物时，他会拍拍最近的男孩的肩膀，指出自己注意到的事物。

第 7 章 共享感悟

我们发现了一头母鹿，它平静地向我们走来。当我们走到距离那头鹿不到 9 米的地方时，它抬起了头，安详地望着我们。它那天真无邪、充满信任的姿态深深地触动了我们——我们感到被这位温柔的森林居民完全接纳了。

后来，三只小狼向我们小跑过来。它们就像小狗一样好奇，走近几米后，又停下来，一边嗷叫，一边看着我们，左右摇摆着脑袋，好奇我们这些沉默的陌生生物究竟是什么。

在"结伴静走"之旅中，动物们能感受到我们的精神状态以及我们祥和、宁静的意图。在静默中，我们感受到与万物共同的纽带，以及流淌在万事万物中共同的那个"一"。

即使是正午短暂的"结伴静走"，队员也能进入一个神奇的、充满爱的世界。

玩法："结伴静走"活动的理想人数是 2~3 人。如果团队人数

较多，可以每两三人一组。

告诉队员们要安静地行走。若看到一些迷人或有趣的景物，不要说话，而是轻拍同伴的肩膀，然后指向那个景物，默默地分享自己的喜悦。

选择一条迷人的小径，或易于漫步的开阔场地。"结伴静走"的步行速度缓慢，走的距离不会太远。如果有几个小组，请商定好集合的特定时间和地点。

"结伴静走"的伙伴们能体验到彼此以及与大自然之间的美妙关系。保持安静，不用言语进行分享，步行者与自然同在，与彼此为伴，完全处于当下。看到静走的伙伴们聚集在新发现的植物、鸟巢和其他自然"奇迹"的周围，散发出清澈的孩童般的爱，我被深深地触动了。

美景当前

> 看见无处不在的美
> - 白天 / 随时
> - 1 人或更多
> - 14 岁及以上
> - CD 或 MP3 音乐和播放器（选带）

这项活动能够帮助队员体验到与万物融为一体的感觉。

玩法： 慢慢地走，同时诵读下面的诗句。欣赏云朵、草地、树木和山丘的美景，以及你注意到的其他任何事物。在纳瓦霍人（Navajo）的语言中，"美"的意思是"和谐"。当你说出每一行中的"美"字时，感受触目可及的一切都是和谐的。

美景当前，愿我前行。
美景当后，愿我前行。
美景在上，愿我前行。
美景在下，愿我前行。
美景环绕，愿我前行。
漫步在美丽的山径，我愉悦前行。

——纳瓦霍族圣歌

如果是一起散步，可以让大家在出发前，聆听并吟唱《美景当前》[①]这首歌。

[①]《美景当前》这首歌的录音可以通过共享自然线上资源获得（参见第 237 页）。

创造梦中森林

相互依存 / 可持续性 / 想象力
· 白天 / 随时
· 2 人或更多
· 7 岁及以上
· 笔、索引卡

如果你能创建自己的森林，它会是什么样子的？这项活动有助于孩子们以富有想象力的精神思考可持续发展和美的主题。

引导员告诉孩子们，现在每个人都拥有 2.6 平方公里的土地，可以在这片土地上建造自己的梦中森林。"因为你们的森林需要年复一年地自我维护下去，所以它需要健康的土壤、水、阳光、树木、真菌、细菌、地被植物和动物等基本要素。"鼓励孩子们创造可持续发展的美丽森林，可以有五颜六色的鸟、古老树木、热爱森林的人、暴雨、永不消失的彩虹——任何他们想要的东西。

在孩子们列出他们创造森林的元素后，可以为自己的森林画一幅图，并与大家分享。"创造梦中森林"是本书有关树的体验活动之后的绝佳后续活动。

给自己写一封信

与大自然和他人深度联结的神奇时刻会永远铭记于心。但是,我们很容易忘记我们想让生活更有意义的初衷。通过"给自己写一封信"活动,参与者可以捕捉到自己得到启发的灵感瞬间。一个月后,引导员将这封信寄给参与者们,提醒他们生命中更重要的事情。

这项活动有两个价值效果:写这封信,会加深队员的活动体验和印象;而收到这封信,则会更加坚定参与者过一种亲近自然的生活的意愿。

请队员给自己写一封信,并把信放入寄给自己的信封里,以此结束几天的心灵启迪活动。写信人描述自己此刻的感受,以及

想从这段与大自然亲密接触的时光里记住什么。告诉队员们,不会有人读他们的信,而且信会在一个月后寄出。

一位女士和我分享了她在参加我和妻子带领的美国西南部一次自然之旅后写给自己的一封信。

欣赏 / 信念
- 白天 / 晚上,不限场地
- 1 人或更多
- 13 岁及以上
- 纸、笔、邮寄信封

致自己

在过去的十天里,我度过了一段美好的时光,体验并享受着大自然。其中,徒步下卡夫溪瀑布山路的经历,最让我感动。我独自一人行走,前后不见其他队员的身影,我抬头仰望峡谷两侧的巨大岩壁,真切地感受到一种神圣力量的存在。峡谷岩壁展现的力量、宏伟和永恒,对我来说意义非凡。我感觉到这些巨大的岩壁指引着我到达瀑布。我想把这次带给我平静的旅行记忆永留心中,这样我就能在日常生活中感受到自然,而不丧失与这伟大存在之间的亲密联结。

诚挚的黛安

第 7 章 共享感悟 | 203

致自己

日期：_____

讲故事

当约翰·缪尔讲述他与野生动物、树木和山中暴风雨邂逅的故事时，听众都会有身临其境的感受。一位听众感叹道："我感觉头上在被风吹雨淋！"如前文所述，讲故事是一种脑神经共享的体验。

听众会真实地活在故事中。核磁共振成像扫描显示，讲故事的人和听故事的人的脑区有相同的神经活动，这部分脑区在大脑促进自我觉察和感觉的额叶区域。当我们讲述伟大自然学家的生平事迹时，每个人（包括讲述者）都会在情感和精神上受益匪浅。

在这个充满巨大挑战的时代，提供健康的榜样至关重要。一位智者说过："一个民族必须有其人民景仰的伟人。"在现代文化中，年轻人普遍崇拜运动、音乐和影视界的名人。能分享那些与地球有深刻共鸣并关爱众生的高尚人士的生命故事，会是多么不同啊！当我们这样做时，我们是在寻找真正值得效仿的英雄。当我们重温约翰·缪尔、蕾切尔·卡森和梭罗等人的生活经验和世界观时，我们不仅会深受感动，生命也会随之改变。

选择一个人，他的生命经历启发、激励着你，他的生命故事和思想为人们

生态保护史 / 理想主义 / 在自然中的喜悦

- 白天 / 晚上，场地不限
- 2人或更多
- 4岁及以上
- 服装、道具

开创了新的生活和存在方式。因为你自己深受启发，所以能够在讲述时真诚地倾注热情。

从他的生命经历中选择有趣的、激动人心的故事，以及启迪心灵的自然体验。可按照以下的情感状态安排你的故事——有趣的、刺激的、戏剧性的，最后是意义深刻的——这能使每位听众保持在热情和乐于接受的状态。

为了达到特别的效果，你可以背诵一些简短却让人震撼的段落。如果你试图背诵整篇故事，你的讲述可能显得生硬。相反，你要专注于故事的重点。了解关键部分将有助于你放松地、自如地讲故事，享受其中。你越是沉浸在故事的乐趣中，你的表演就会越有感染力。

我听说纳瓦霍人通过讲故事来管教孩子。如果一个小孩行为

不端，大人们不会当面指责他的行为，而是会告诉他一个同龄小孩以同样的方式行事的故事。因为孩子们喜欢听故事，他们会全神贯注地听。通过另一个孩子的经历，行为不端的孩子看到了自己行为的后果。我可以想象，听着故事的孩子会眼睛睁得大大的，表情若有所思——就像人们在讲故事时常见的那样——"我才不会那样做呢！"这句话将会浮现在他的脑海中。

讲故事的人也可以向所有年龄段的听众传达温和、充满爱和令人信服的信息。讲述振奋人心的伟人故事，是传达当今世界亟须的崇高价值观的最佳方式之一。

我创作了关于约翰·缪尔鲜活一生的人物传记——《约翰·缪尔：我与大自然的一生》，它是很棒的可以用来讲故事的资源。

讲故事的 11 个诀窍

1. 使用简单的道具，如一顶帽子。道具有助于将观众带入另一个时空。

2. 创造（并学习）强有力的开头和结尾。这样做可以帮助你自信地开始、有力地结束。

3. 因为人们记住的不是你故事中的文字，而是故事中的感觉，所以漏掉故事中的几行也没有关系。如果你忘记了接下来的内容，也不用惊慌。暂停一下，与观众保持眼神交流。你越放松，就越容易回忆起被遗忘的内容，然后从容地接续下去。

4. 加入幽默感。幽默能让听众放松，使他们敞开心扉，乐于接受你的信息。传达严肃观点的最佳时机通常在一段幽默的内容之后。

5. 变化你讲故事的音调、节奏和情绪。变换节奏能让你的表演生动有趣。停顿可以让听众稍事休息，跟上节奏，消化要点。

6. 演员会用一种叫"情感回忆"的技巧为表演注入活力。在运用这种技巧时，你可以回想一段能激起自己讲故事所需的情感情绪的记忆。

7. 如果你要扮演多个角色，那就变换声音和性格来适应每个角色。关键是要改变你的意识状态，这样你才能感受到这个角色的真实状态。观众对你的信任程度取决于你对这个角色的相信程度。

8. 用你的双手来创造空间和范围，或用来描绘一幅画。用手势来点缀和强调你的观点。夸大手势，放大身体动作，使坐在后面的人也能看到。

9. 用停顿来强调重点、制造悬念；语音、语调和身体语言的平静掌控，也能让你说出的每个词展现出应有的丰富内涵。

10. 根据不同年龄段的团队来灵活调整你的表演。儿童多从肢体和视觉角度思考问题；而成人则对故事的观点和意义更感兴趣。

11. 以"和听众分享"为主，而不是"为他们表演"。和他们分享你从故事中感受到的喜悦，以及与他们心意相通时的荣幸。

空中飞鸟

表达对大自然的爱
- 白天 / 晚上
- 1 人或更多
- 5 岁及以上
- 乐器或 CD/MP3 播放器

"空中飞鸟"活动将人们聚集在一起,共同赞颂自己与万物合一的状态,可以为一次自然之旅画上完美的句号。优美的旋律和歌词伴随着简单、优雅的动作,将参与者的身心灵融合。

我曾在中国台湾台北的一场演讲中,带领 400 人一起唱《空中飞鸟》。当众人开始随着歌声做起如太极拳般流畅的动作时,音乐与动作精妙地交融,我深深臣服。

这个活动唤醒并加深人们对地球的爱,培育守护者情怀。向大自然表达感激之情,我们会得到大自然的回应。很多次,鸟儿们在听到团队演唱《空中飞鸟》时,都会飞到附近的树上放声歌唱。

以下是歌词(粗体)和搭配的手臂动作(括号内的提示):

空中的飞鸟是我的兄弟,

(双臂向两侧伸展,掌心向下。优雅地挥动手臂,仿佛鸟儿在飞翔。)

所有的花朵都是我的姐妹,

(把手掌放在胸前,十指展开就像花朵绽放。)

树木是我的朋友。

(双手合掌,举过头顶,像树干一样摇摆身体。)

万物生灵,

(双臂向两边伸开,迎接所有生命。)

山峦,

(在下巴处合拢双手指尖,形成一座山峰。)

与溪流,

(左手保持在下巴处,右臂向外侧挥动,手指颤动得就像潺潺溪流。)

我爱护,我照顾。

(将一只手放在另一只手上,掌心向上,与心同高,呵护自然万物。)

因为绿色大地是我们的母亲,

(双手从心口向上、向外伸展,直到就像把整个地球纳入怀抱。)

藏在天空的是高高在上的神灵。

(抬头仰望,向天空伸展你的双臂。)

我与众生共享一个生命;

(双手在心口处交叉。)

我爱众生,情同手足;

(右手放在心口,左手掌心朝上,向外、向左侧伸展。)

我爱万物,情同手足。

(左手停留在一侧,右手掌心向上,向外、向右侧伸展。)

要分享这个活动，最好去一处能激发大家崇高情感的自然美景地。让参与者排成一排或站成半圆，面向令人心生喜悦的方向。

引导员站在大家面前，一边重复歌词，一边示范手臂动作。每唱一句歌词，就在内心感受其含义，并将这些感受投射到周围环境中。例如，唱到"树木是我的朋友"时，感受你与周围树木的亲密。告诉大家，要专注地将爱和善意传递给大自然，然后开始唱或播放《空中飞鸟》，邀请大家一起加入。

（你可以在共享自然线上资源网站 www.sharenature.org 中观看《空中飞鸟》的视频演示，也可以在"共享自然音频资源"中找到音频；乐谱，请见本书附录 D。）

扫码立即获取
"空中之鸟"活动配套音频

附录 A　共享自然游戏列表
（按中文首字拼音字母顺序排列）

蝙蝠和飞蛾 | 70
辨颜色 | 102
猜一猜，快跑！ | 92
藏头诗 | 160
沉睡的守财奴 | 125
创造梦中森林 | 201
搭建一棵树 | 56
定点蒙眼探索 | 171
动物，动物！ | 118
动物线索接力 | 88
动物线索游戏 | 85
动物肢体扮演 | 83
独特时光 | 190
访问大自然 | 130
复制 | 123
唤鸟 | 141
给自己写一封信 | 202
讲故事 | 205
结伴静走 | 197
空中飞鸟 | 210
猫头鹰与乌鸦 | 67
美景当前 | 200
蒙眼毛毛虫 | 153
蒙眼探险 | 172
蒙眼行走 | 170
蒙眼游戏 | 167

诺亚方舟 | 90
日落观察 | 163
弱肉强食 | 72
神秘动物 | 144
生命金字塔 | 74
声音地图 | 112
树的观想 | 177
探索大地之心 | 155
数声音 | 100
微观之旅 | 121
伪装步道 | 115
我能看见 | 103
我所好奇的 | 98
相互认识 | 50
像约翰·缪尔一样观察自然 | 133
邂逅一棵树 | 151
雪橇犬 | 79
野生动物大比拼 | 54
夜间守路人 | 127
引导观想 | 175
有多近？ | 105
照相机 | 136
折叠诗 | 195
指鼻子 | 52
自然反思 | 191
自然过程 | 65

附录 B　寻找最适合你的游戏

亲子游戏
指鼻子 | 52
野生动物大比拼 | 54
动物肢体扮演 | 83
猜一猜，快跑！（第二版）| 95
数声音 | 100
辨颜色 | 102
声音地图 | 112
伪装步道 | 115
微观之旅 | 121
复制 | 123
访问大自然 | 130
照相机 | 136
唤鸟 | 141
神秘动物 | 144
邂逅一棵树 | 151
空中飞鸟 | 210

与科学和自然史有关的游戏
指鼻子 | 52
野生动物大比拼 | 54
搭建一棵树 | 56
自然过程 | 65
猫头鹰与乌鸦 | 67
蝙蝠和飞蛾 | 70

弱肉强食 | 72
　　生命金字塔 | 74
　　动物线索游戏 | 85
　　神秘动物 | 144
　　日落观察 | 163
　　树的观想 | 177

适合室内和雨天的活动
　　相互认识 | 50
　　指鼻子 | 52
　　野生动物大比拼 | 54
　　搭建一棵树 | 56
　　自然过程 | 65
　　蝙蝠和飞蛾 | 70
　　弱肉强食 | 72
　　生命金字塔 | 74
　　雪橇犬 | 79
　　动物肢体扮演 | 83
　　动物线索游戏 | 85
　　诺亚方舟 | 90
　　动物，动物！ | 118
　　神秘动物 | 144
　　藏头诗 | 160
　　树的观想 | 177
　　独特时光 | 190

　　　　折叠诗 | 195
　　　　创造梦中森林 | 201
　　　　给自己写一封信 | 202
　　　　讲故事 | 205
　　　　空中飞鸟 | 210

适合青少年或成年人的活动
　　　　相互认识 | 50
　　　　雪橇犬 | 79
　　　　我所好奇的 | 98
　　　　有多近？ | 105
　　　　树的观想 | 177
　　　　自然反思 | 191
　　　　折叠诗 | 195
　　　　美景当前 | 200
　　　　给自己写一封信 | 202

附录 C "神秘动物"游戏谜底的图像

三趾树懒图

附录 D 《空中飞鸟》乐谱

词：约瑟夫·克奈尔

曲：迈克尔·斯塔纳–辛普森（Michael Starner-Simpson）

歌词中文大意：空中的飞鸟是我的兄弟，所有的花朵都是我的姐妹，树木是我的朋友。万物生灵，山峦与溪流，我爱护，我照顾。因为绿色大地是我们的母亲，藏在天空的是高高在上的神灵。我与众生共享一个生命；我爱众生，情同手足；我爱万物，情同手足。

附录 E "指鼻子"和"猜一猜，快跑！"游戏的动物线索示例

1. 我喜欢吃昆虫，但也吃树液、水果、坚果和浆果。
2. 与大多数同类不同，我不会唱歌。
3. 我的平均体温是 40.5℃。
4. 我有 4 个脚趾：第一个和第四个朝后，第二个和第三个朝前。
5. 我有两根长长的羽毛，在飞行或栖息时靠它们保持平衡。
6. 我每秒能啄 20 次。
7. 我用强有力的喙敲击树木。我的舌头又长又黏，可以深入树洞深处捕捉食物。

VNNCODBJDQ[①]
啄木鸟（woodpecker）

---

1. 我是真正的杂食动物。我吃鼠类、兔子、昆虫、水果和蛋。
2. 我的雄性、雌性和年长的孩子都会照顾幼崽。我们通常是一个小家庭。
3. 我的同类很多都生活在城市里，多得惊人。
4. 我会挖洞过冬。这个巢穴可以供好几代使用。
5. 我很狡猾。
6. 我们的雌性以凶悍著称。
7. 我的尾巴很蓬松，可以是红色的。我是犬科家族的一员。

ENW
狐狸（fox）

[①] 请根据英文字母表的顺序，写出每个字母对应的下一个字母，答案即可揭晓。——编者注

1. 我和你一样有心脏、肺和肾。

2. 我没有膀胱——所以我想尿就尿！

3. 我尾巴底部的腺体会分泌一种油，用来涂在羽毛上。这层油可以保护我免受雨淋之苦。

4. 我抓到什么就吃什么：老鼠、小鸟、蜥蜴和昆虫。

5. 我的骨头很轻，有些人说它们是"中空的"，但实际上，内部的支撑结构使它们非常坚固。

6. 我的视力比人类好8倍，敏锐的视力在夜间狩猎时非常有用。

7. 我头顶上的羽毛经常被误认为是耳朵——其实它们只是羽毛而已。

8. 我会将无法消化的食物吐出来。我的大多数同类在夜间发出"呼呼"的叫声。

NVK
猫头鹰（owl）

---

1. 成年的我和幼年的我长得截然不同。

2. 在幼虫形态时，我通过肛门呼吸。

3. 你可以在水边或水中找到我。

4. 作为水生幼虫，我能活1~3年，而成为成虫后，通常只能活几个月。

5. 我的史前祖先翼展很长，最长可达 76 厘米。现在，我们之中最大的翼展也只有 19 厘米宽。

6. 我是一名优秀的飞行员。我的飞行速度可达每小时 58 千米。我的两对翅膀可以独立挥动，向各个方向飞行。

7. 我的视力超群！我有两只大大的复眼，这让我拥有 360 度的视野。我能看见的光谱比人类更广阔。像蝴蝶一样，我几乎可以变成彩虹中的任何一种颜色。

8. 我有一个细长的身体，嘴巴下面是我的 6 条腿，可以形成篮子形状来捕捉猎物。我有 4 片透明的翅膀。休息时，我将它们水平展开。

CQZFNMEKX
蜻蜓（dragonfly）

1. 我几乎什么都吃：水果、花朵、坚果、蜗牛和蛞蝓。

2. 我的社交能力很强，可能会和 8 个或更多的同类生活在一起。

3. 有许多动物都喜欢吃我：蛇、浣熊、猫头鹰，有时还有家猫。

4. 我有一双大眼睛，它们可以帮助我在夜间看清东西，我通常在夜间活动。

5. 我在树上筑巢，用树叶和森林中的其他材料覆盖。

6. 我有皮毛，给幼崽喂奶。

7. 我的前肢和后肢之间有一层薄膜，可以让我在半空中滑翔。我其实不会飞，但我可以在树木间滑翔 46 米。

EKXHMF RPTHQQDK
鼯鼠（flying squirrel）

---

1. 我的家族成员都是捕食者。

2. 我的一些同类以吃鸟而闻名。

3. 虽然我有很多只眼睛，但视力并不好。我用触觉捕食。

4. 在吃掉我的猎物之前，我必须从腹部喷射液体到猎物身上，将它化成液体。

5. 我的同类生活在烟道、镶板、犄角旮旯或球状体中。有些同类四处游走，没有家。

6. 我有 8 条腿和能注射毒液的尖牙。

7. 我的身体可以制造丝线，它是地球上最坚韧的天然材料。

ROHCDQ
蜘蛛（spider）

---

1. 我是恐龙的现代亲戚。

2. 当我的同类聚集在一起时，被称为"围攻"。

附录 | 223

3. 我有细长的脚趾：一个脚趾向后，三个脚趾向前。

4. 我的羽毛很柔软。它们可以是蓝色、棕色、黑色、白色或灰色的。

5. 如果你想找到我，请到水边来。

6. 我的翼展是体长的两倍。同类中最大的翼展可达167~200厘米。

7. 我的喙呈鱼叉状，可以轻松地捕食到鱼、蛇、老鼠、青蛙、两栖动物或无脊椎动物。

8. 我的脖子很长，形状如蛇。我的腿很长，你通常会看到我一动不动地站着，等待猎物靠近。

GDQNM
鹭（heron）

图片来源

封面 ｜ 视觉中国

扉页 ｜ 视觉中国

金句页 ｜ Photographer Unknown

目录页左 ｜ Sharing Nature Worldwide Photographs, Japan

中文版推荐序 ｜ 前：全球共享自然协会中国代表处杭州站吴燕芳

　　　　　　｜ 后：全球共享自然协会中国代表处成都站毕波

英文版推荐序一 ｜ Sharing Nature Worldwide Photographs, Japan

英文版推荐序二 ｜ 前：Sharing Nature Worldwide Photographs, Brazil

　　　　　　　｜ 后：视觉中国

正文

引子 ｜ George Beinhorn

001 ｜ George Beinhorn

003 ｜ Argentina National Parks National Library

005 ｜ Photographer Unknown

006-007 ｜ Dmitry Pichugin ｜ Shutterstock

008 ｜ John Hendrickson Photography

010 ｜ John Hendrickson Photography

011 ｜ John Hendrickson Photography

012 ｜ Maya Khosla, India

013 ｜ Joyful Photography (Barbara Bingham)

014 ｜ Heart of Nature Photography (Robert Frutos)

016 ｜ 上：Snowland Great River Environmental Assoc. of Qing Hai, China

　　｜ 下：OLS Adventure Club, Uganda

017 ｜ 上：Sharing Nature Worldwide Photographs, Japan

　　｜ 下：Joyful Photography (Barbara Bingham)

018 ｜ John Hendrickson Photography

020 ｜ Sharing Nature Worldwide Photographs, Japan

图片来源 ｜ 225

021 | Sharing Nature Worldwide Photographs, Japan

022 | John Hendrickson Photography

025 | Joyful Photography (Barbara Bingham)

026 | Sharing Nature Worldwide Photographs, Portugal

027 | Sharing Nature Worldwide Photographs

030 | Sharing Nature Worldwide Photographs, New Zealand

031 | 全球共享自然协会中国代表处北京站

032 | John Hendrickson Photography

034 | Sandi Croan Photography

036 | Sharing Nature Worldwide Photographs, Portugal

037 | 全球共享自然协会中国代表处广州站赖芸

039 | Dr. Gertrude Hein, Germany

040 | 全球共享自然协会中国代表处南京站左耳

041 | Agnes Meijs, www.natuurlijkheden.nl

044-045 | John Hendrickson Photography

047 | Sharing Nature Worldwide Photographs, Japan

048 | Sharing Nature Worldwide Photographs, Japan

049 | OLS Adventure Club, Uganda

050 | Dr. Gertrude Hein, Germany

051 | Sharing Nature Worldwide Photographs, Brazil

052 | Sharing Nature Worldwide Photographs, Japan

054 | Sharing Nature Worldwide Photographs, Brazil

056 | 全球共享自然协会中国代表处北京站鲁小彬

057 | Bruce Malnor

059 | Dr. Gertrude Hein, Germany

060 | Original: St. Regis Paper Company; adapted and modified by Peter Kolb, Montana State Extension Forestry

061 | Dr. Gertrude Hein, Germany

062 | Sharing Nature Worldwide Photographs

064 | Sharing Nature Worldwide Photographs, Japan
065 | Sharing Nature Worldwide Photographs
066 | above:Sharing Nature Worldwide Photographs, Japan
    | Below:Sharing Nature Worldwide Photographs
067 | Sharing Nature Worldwide Photographs, Portugal
068 | Sharing Nature Worldwide Photographs, Portugal
069 | Sharing Nature Worldwide Photographs, Portugal
070 | 中国首期流水学习法工作坊（福州）刘智超
071 | 全球共享自然协会中国代表处福州站林锦航
072 | John Hendrickson Photography
073 | Sharing Nature Worldwide Photographs
075 | Jenny Coxon Photography
076 | Jenny Coxon Photography
077 | John Hendrickson Photography
079 | John Hendrickson Photography
080 | Kirk Geisier / Shutterstock
082 | Gillmar / Shutterstock
083 | 全球共享自然协会中国代表处上海站陈敏
084 | OLS Adventure Club, Uganda
085 | Sharing Nature Worldwide Photographs
086 | Sharing Nature Worldwide Photographs, Brazil
088 | Dr. Gertrude Hein, Germany
089 | 中国首期流水学习法工作坊（福州）刘智超
091 | Joyful Photography (Barbara Bingham)
092 | Jenny Coxon Photography
093 | Sharing Nature Worldwide Photographs, Japan
094 | 全球共享自然协会中国代表处成都站毕波
095 | Jenny Coxon Photography
096 | Sharing Nature Worldwide Photographs, Japan

097 | Joyful Photography (Barbara Bingham)

098 | 视觉中国

099 | Aspen: John Hendrickson Photography

100 | Sharing Nature Worldwide Photographs

101 | Joyful Photography (Barbara Bingham)

102 | Sharing Nature Worldwide Photographs, Japan

103 | Sharing Nature Worldwide Photographs

105 | Hogs555 / CC-BY SA-3.0 (modified)

106 | John Hendrickson Photography

108 | Dr. Gertrude Hein, Germany

109 | Sharing Nature Worldwide Photographs, Japan

110 | 全球共享自然协会中国代表处成都站毕波

112 | OLS Adventure Club, Uganda

113 | 全球共享自然协会中国代表处亲子营刘彬

114 | Ruby Stoppe

115 | John Hendrickson Photography

116 | Sharing Nature Worldwide Photographs, India

117 | 全球共享自然协会中国代表处成都站毕波

118 | Joyful Photography (Barbara Bingham)

119 | Joyful Photography (Barbara Bingham)

120 | John Hendrickson Photography

121 | Sharing Nature Worldwide Photographs, Japan

122 | Sharing Nature Worldwide Photographs, Japan

123 | Sharing Nature Worldwide Photographs, Australia

124 | 全球共享自然协会中国代表处福州站林锦航

125 | Sharing Nature Worldwide Photographs

126 | Joyful Photography (Barbara Bingham)

127 | John Hendrickson Photography

128 | John Hendrickson Photography

129 | KentWilliamsPhotography.com

130 | Jenny Coxon Photography

131 | 全球共享自然协会中国代表处南京站左耳

132 | Joyful Photography (Barbara Bingham)

134 | U.S. National Park Service

135 | John Hendrickson Photography

136 | Joyful Photography (Barbara Bingham)

137 | 全球共享自然协会中国代表处福州站林锦航

138 | John Hendrickson Photography

139 | Chandi Holliman

140 | John Hendrickson Photography

141 | KentWilliamsPhotography.com

143 | Jenny Coxon Photography

145 | John Hendrickson Photography

147 | Sharing Nature Worldwide Photographs, Japan

148 | Sharing Nature Worldwide Photographs

150 | sloth drawing: Elizabeth Ann Kelley

151 | Mihai Dragomir/Schubz Center, Romania

152 | 全球共享自然协会中国代表处南京站李露欣

153 | Sharing Nature Worldwide Photographs, Japan

154 | PCD, Hong Kong, China

155 | Paul Spierings i.s.m. www.ziningroen.nl

156 | Sharing Nature Worldwide Photographs, Portugal

158 | Sharing Nature Worldwide Photographs, Taiwan,China

159 | 上：全球共享自然协会中国代表处成都站毕波
　　| 下：Nanne Wienands, Germany

160 | John Hendrickson Photography

162 | John Hendrickson Photography

163 | KentWilliamsPhotography.com

164 | J. Donald Walters

165 | John Hendrickson Photography

167 | Sharing Nature Worldwide, New Zealand

169 | Gert Olsson Photography / inNature West

170 | Agnes Meijs, www.natuurlijkheden.nl

171 | Joyful Photography (Barbara Bingham)

172 | 全球共享自然协会中国代表处北京站鲁小彬

173 | Sharing Nature Worldwide Photographs, Australia

175 | 视觉中国

177 | Sharing Nature Worldwide Photographs, Portugal

178 | J. Donald Walters

179 | Sharing Nature Worldwide Photographs, Taiwan, China

180 | Photographer Unknown

181 | LianeM / Shutterstock

182 | J. Donald Walters

183 | 全球共享自然协会中国代表处北京站董晓琳

185 | Gert Olsson Photography / inNature West

187 | John Hendrickson Photography

188 | J. Donald Walters

189 | Joyful Photography (Barbara Bingham)

190 | Joyful Photography (Barbara Bingham)

192 | Heart of Nature Photography (Robert Frutos)

193 | Joyful Photography (Barbara Bingham)

194 | Joyful Photography (Barbara Bingham)

195 | Joyful Photography (Barbara Bingham)

197 | John Hendrickson Photography

198 | Heart of Nature Photography (Robert Frutos)

199 | Joyful Photography (Barbara Bingham)

200 | bikeriderlondon / Shutterstock

- 201 | John Hendrickson Photography
- 202 | Jenny Coxon Photography
- 203 | Tejindra Scott Tully
- 204 | Joyful Photography (Barbara Bingham)
- 206 | Sharing Nature Worldwide Photographs, Germany
- 207 | Joyful Photography (Barbara Bingham)
- 210 | Joyful Photography (Barbara Bingham)
- 212 | Jenny Coxon Photography
- 213 | John Hendrickson Photography
- 218 | Elizabeth Ann Kelley
- 234 | Sharing Nature Worldwide Photographs, Japan
- 237 | Gert Olsson Photography / inNature West
- 238 | John Hendrickson Photography

作者致谢

我非常感谢儿童与自然网络的联合创始人理查德·洛夫，感谢他在促进儿童与大自然接触方面所做的杰出工作，以及感谢他支持本书，为本书写下意味深长的序言。我还要感谢我多年的朋友谢丽尔·查尔斯，她是儿童与自然网络的前任主席和联合创始人。他们不遗余力地将儿童、家庭与大自然联结在一起，激励并影响了无数北美和海外人士的生活。

我要向我的妻子阿南迪（Anandi）表示最深的感激，自从我们相识以来，她在我写的每本书中都发挥了至关重要的作用。阿南迪思路清晰，编辑技巧高超，对我的工作充满理解，是上天派来的天使。

阿南迪和我的同事格雷格·特雷马尔（Greg Traymar）都多次阅读我的手稿，并提出了许多宝贵的建议。我非常欣赏格雷格在共享自然工作中展现的创造力、深刻理解力和主动性。感谢艾伦·休伯特（Alan Heubert）和苏珊·桑福德（Susan Sanford）提出的有益建议，感谢妮科尔·史密斯（Nicole Smith）撰写附录 D 中的动物线索。

我还要衷心感谢晶莹剔透出版社（Crystal Clarity Publishers）的吉姆·范·克利夫（Jim Van Cleave）和理查德·萨尔瓦（Richard Salva），感谢他们在编辑方面的专业知识和对这个项目的奉献；感谢我的出版商和朋友斯基普·巴雷特（Skip Barrett），感谢他的远见卓识和支持。

约瑟夫·克奈尔
及全球共享自然活动简介

约瑟夫·克奈尔是国际知名作家，也是全球共享自然（Sharing Nature Worldwide）组织的创始人。该组织是全球最受尊崇的自然觉察活动团体之一。他的第一本书《与孩子共享自然》"引发了世界范围内的自然教育革命"，已被翻译成20种语言出版，销量超过80万册。他是日本共享自然协会的荣誉会长，该协会拥有1万名会员和3.5万名受过训练的引导员。

约瑟夫是"共享自然"系列书籍的作者，在世界各地有数百万家长、教育工作者、自然学家、青少年和宗教领袖们使用了他著作的内容。克奈尔先生的著作《倾听自然》和《来自天地的感动》鼓舞和启发了成千上万的成年人，使他们与自然的关系更加亲密。他近期的两本著作《共享自然》与《来自天地的感动》获得了美国独立书籍非虚构类大奖。

美国鱼类和野生动物管理局将克奈尔先生的《与孩子共享自然》选为自1890年以来最具影响力的15本"帮助儿童、家庭与自然联结"的著作之一。美国国家公园管理局将克奈尔先生高效的户外学习策略"心流学习法"列为五大推荐学习法之一，与玛丽亚·蒙台梭利（Maria Montessori）、霍华德·加德纳、约翰·杜威（John Dewey）、让·皮亚杰（Jean Piaget）等人的并列。

克奈尔先生的共享自然系列书籍及其工作获得过许多国际奖项。他对中欧环境教育影响深远，因而获得德国知名的索尼娅·伯纳多特伯爵夫人奖（Countess Sonja–Bernadotte Prize）。2011年，法国地球守护天使组织（Les Anges Gardiens de la Planète）推选克奈尔为"致力于环境保护的100位最具影响力的意见领袖"之一。

克奈尔以温暖和令人欢欣的热情闻名于世，他"具有发现事物本质的天赋，能以清晰和令人信服的方式诠释事物，为读者提供充满创造力的活动，帮助他们获得真实的体验"。

约瑟夫和妻子阿南迪是加利福尼亚州北部阿南达村的高级部长和居民。

关于约瑟夫·克奈尔的书籍和活动的更多信息，请访问：www.jcornell.org

共享自然身心健康活动

约翰·缪尔说："自然的祥和流入人心，就像阳光洒进森林。"大自然是伟大的治疗师，它为每一颗乐于接受的心提供了充满喜悦、宁静和活力的礼物。

在共享自然身心健康活动中，你将运用自然活动来平静思绪，向万物敞开心扉。你将学会如何将这种自然体验内化于心，使你面对生活时内心也能更加平和。

你将在愉悦的自然觉察活动中获得快乐，变得更正向和乐观，感受团队精神，享受与他人和自然之间的和谐关系。大自然仁慈的存在将提醒你生命中还有更崇高的目标。

自 1979 年起共享自然的喜悦

共享自然是一项全球性运动，致力于帮助儿童和成人加深与自然的联结。我们提供培训工作坊、主题演讲、线上资源、线上研讨会和书籍，帮助人们更加亲近自然和他人。我们的身心健康活动为个人以及各种商业、教育、宗教和公共部门的领导者，提供振奋身心的体验和疗愈。

共享自然的活动引导员遍布世界多个国家，他们非常乐意为你的团队或组织提供服务。我们的活动引导员都是杰出人士，他们热爱大自然和人类，并能将两者完美相融。

我们期待你的回馈。欲知我们在世界各地的更多活动，请联系我们。

全球共享自然协会（Sharing Nature Worldwide）

邮箱：info@sharingnature.com

电话：（530）478-7650

共享自然线上资源

为了帮助你与他人共享自然，我们创建了线上资源网站：www.sharenature.org

在这里，你可以下载并打印活动讲义、游戏材料和其他教学辅助材料。只需支付极少的费用，你就可以获得以下内容：

◎ 15 项活动的 PDF 打印讲义；

◎ 20 种动物的 120 项动物线索游戏卡片（可打印）；

◎ 自然反思语录卡；

◎ 歌曲《美景在前》的 MP3；

◎ 歌曲《空中飞鸟》的 MP3，以及一段伴有手臂动作的歌曲视频。

若要赠予他人愉悦、宁静和完整的礼物，

就带他们去森林或海边，

让他们专注地体验自然世界的庄严与丰盛。

——约瑟夫·克奈尔

青豆读享 阅读服务

帮你读好一本书

《共享自然：唤醒内在生命力的 52 个自然游戏》阅读服务：

☆ **配套音频** 5 节自然疗愈音频，用声音带你感受自然的魅力。

☆ **原理透视** 结合书中自然游戏，为你解锁"心流学习法"背后的脑科学机制。

☆ **游戏索引** 根据不同使用场景，分类整理全书游戏，助你快速选择适合自己的自然游戏。

☆ **实用卡片** 整理 10 个零基础的自然游戏操作指南，方便你打印保存，和孩子随时开启自然探索之旅。

☆ **本书播客** 本书编辑与译者深度对谈，帮你全面理解作者的自然教育理念。

☆ **话题互动** 快来看看，本书的书友们在讨论些什么吧！

☆ ……

每一本书，都是一个小宇宙。

扫码使用配套阅读服务

著作权所有，请勿擅用本书制作各类出版物，违者必究。

图书在版编目（CIP）数据

共享自然：唤醒内在生命力的 52 个自然游戏 /（美）约瑟夫·克奈尔著；林红，林衍汐译 . -- 长沙：湖南教育出版社，2024.11. -- ISBN 978-7-5754-0470-9（2025.4 重印）

Ⅰ . G40-02

中国国家版本馆 CIP 数据核字第 2024A63Q23 号

Sharing Nature: Nature Awareness Activities for All Ages by Joseph Bharat Cornell,
Copyright © 2015 by Joseph Bharat Cornell.
This translation published by arrangement with Columbine Communications & Publications, Walnut Creek, California USA, www.columbinecommunications.com
Simplified Chinese edition copyright © 2024 Beijing Green Beans Books Co., Ltd.
All rights reserved.

本版本由哥伦拜通讯和出版公司安排出版，地址：美国加利福尼亚州沃尔纳特克里克市，网址 www.columbinecommunications.com。
本书中文简体字版著作权在青豆书坊（北京）文化发展有限公司。

湖南省版权局著作权合同登记章字：18-2024-247 号

GONGXIANG ZIRAN: HUANXING NEIZAI SHENGMINGLI DE 52 GE ZIRAN YOUXI

书　　名	共享自然：唤醒内在生命力的 52 个自然游戏
作　　者	［美］约瑟夫·克奈尔（Joseph Cornell）
译　　者	林红　林衍汐
责任编辑	张件元
责任校对	刘婧琦　张征　李宇
产品总监	刘红霞
策划编辑	王　宁
特约编辑	鲁小彬
版式设计	盛广佳
封面设计	主语设计
出版发行	湖南教育出版社（长沙市韶山北路 443 号）
网　　址	www.jiaxiaoclass.com
微 信 号	家校共育网
客　　服	0731-85486979
经　　销	新华书店
印刷装订	河北鹏润印刷有限公司
开　　本	880 mm × 1230 mm　32 开
印　　张	8.5
字　　数	182 000
版　　次	2024 年 11 月第 1 版
印　　次	2025 年 4 月第 2 次印刷
书　　号	ISBN 978-7-5754-0470-9
定　　价	69.80 元

如有质量问题，影响阅读，请与湖南教育出版社联系调换。